本研究得到了中央高校基本科研业务费专项资金（20
北京市社会科学基金重点项目（18GLA001）的资助

政府购买服务过程管理研究

陈建国◎著

四川大学出版社
SICHUAN UNIVERSITY PRESS

图书在版编目（CIP）数据

政府购买服务过程管理研究 / 陈建国著. — 成都：四川大学出版社，2024.6
（卓越学术文库）
ISBN 978-7-5690-6569-5

Ⅰ. ①政… Ⅱ. ①陈… Ⅲ. ①社会服务－政府采购制度－研究－中国 Ⅳ. ①D669.3

中国国家版本馆CIP数据核字（2024）第029299号

书　　名：	政府购买服务过程管理研究
	Zhengfu Goumai Fuwu Guocheng Guanli Yanjiu
著　　者：	陈建国
丛 书 名：	卓越学术文库
丛书策划：	蒋姗姗　李波翔
选题策划：	蒋姗姗　李波翔
责任编辑：	蒋姗姗
责任校对：	吴连英
装帧设计：	墨创文化
责任印制：	王　炜
出版发行：	四川大学出版社有限责任公司
地　　址：	成都市一环路南一段24号（610065）
电　　话：	（028）85408311（发行部）、85400276（总编室）
电子邮箱：	scupress@vip.163.com
网　　址：	https://press.scu.edu.cn
印前制作：	成都墨之创文化传播有限公司
印刷装订：	四川煤田地质制图印务有限责任公司
成品尺寸：	170 mm×240 mm
印　　张：	15
字　　数：	208千字
版　　次：	2024年6月 第1版
印　　次：	2024年6月 第1次印刷
定　　价：	78.00元

本社图书如有印装质量问题，请联系发行部调换

版权所有 ◆ 侵权必究

扫码获取数字资源

四川大学出版社
微信公众号

前言

政府购买服务是新公共管理运动中公共服务民营化和市场化改革的重要机制之一。购买服务不仅对政府治理实践产生了重大的影响，而且成为公共管理学术研究的焦点。这一机制对政府治理实践和公共管理理论的影响如此之深、如此之广，以至于菲利普·库珀用合同制治理来指称当前公共管理者所面临的挑战和机遇。

有效应对购买服务带来的挑战，推动政府治理模式的转型正是本书的研究主题。政府购买服务供给新模式要求政府将管理的重心从生产服务转移到购买服务的过程管理上来。在这个过程中，政府从"划桨"走向了"掌舵"，较少操办公共服务供给的事务性活动，而聚焦于外部合作伙伴关系的管理。受新公共管理改革的影响，政府购买服务已经成为中央和地方政府普遍采用的一种创新性的公共服务供给方式。近年来，我国政府购买服务覆盖面越来越广，规模也越来越大。然而，不断有人质疑购买服务的有效性和公众获得感等。出现这些疑问的核心原因是政府购买服务缺乏有效的过程管理。如存在购买服务流程繁杂、购买服务过程中竞争和自律机制乏力、合同管理不专业等问题，这需要研究者超越委托代理监管和质量监管的视角，从过程管理的视角专门研究政府购买服务。这是大约10年前，我开始着手政府购买服务研究时的直观感受。在后来的研究过程中，这一感受越来越强烈。因此，购买服务的需求管理、购买决策过程、凭单制在购买服务中的运用，以及购买服务过程中的政社合作机制等逐渐成为我关注的核心问题。时至今日，对政府购买服务泛泛而谈的研究方式早已过时，我们需要更加细致地专注于购买服务过程的具体环节和机制开展研究。

具体而言，本书主要围绕政府购买服务的流程环节和关键影响因素展开研究，本研究的主要观点集中在如下几个方面。

第一，政府购买服务需要更加强调过程管理能力。市场竞争提升效率和质量，这是公共选择理论的重要结论。但是，为什么有些时候政府通过购买服务或者对公共服务进行民营化改革、引入竞争机制，却绩效不彰？其根本原因在于有些政府公共服务民营化的内容和政府购买服务过程管理能力出现了问题。购买服务改变了公共服务供给的流程和环节，重塑了公共服务的需求方、提供方、生产方和消费方式间的关系。政府需要从过去的命令者、控制者和管理者，转变成需求的有效表达者、服务的精明购买者、绩效的评价者和合同的监管者。政府需要从过去对内部的控制管理转向重点对外部的协调合作；从过去上下级之间的层层命令、汇报控制转向横向的沟通、协调、谈判和监管。

第二，基于"提供—生产"理论视角，我们可以把购买服务过程管理划分为需求分析、采购决策、项目实施督导和结项评价四个阶段。公共服务的供给并非一个连续不断的过程，这个过程大体上可以划分为两个阶段——提供和生产。所谓的提供是一系列集体选择行为的总称，就下属事项做出决定：需要提供什么样的产品和服务、产品和服务的数量和质量标准、需要筹措的收入数与如何筹措、如何约束与规范公共产品和服务消费中的个人行为、如何安排产品或服务的生产。公共服务的生产则是将一系列的输入资源转化为产品和服务的技术过程。

第三，购买服务的需求管理应推动决策者和生产者主导的需求管理模式向终端需求者主导的管理模式转变，将购买决策落实到最小的集体消费单位上。我国政府购买服务取得了长足进步，却面临着社会公众获得感不强的质疑。购买服务的需求管理多数是由决策者或生产者主导的，终端需求者在购买服务的需求管理过程中并无作用空间。因而，就出现了终端需求者偏好被社会力量或者政府偏好替代及供需错位等问题。在制度结构层面，应推动决策者和生产者主导的需求管理模式向终端需求者主导的管理模式转变,将购买决策落实到最小的集体消费单位上。在方法技术层面,要促进终端需求者、购买决策者和生产者间的有效对话,提升终端需求者的参与能力。在政策工具方面,可以通过凭单制赋予终端消费者实质性选择权,解决供需错位问题。

第四,购买服务过程管理中的政社合作模式促进了专业力量、社会力量及行政权力的有效互动衔接。由于劳动分工、知识分工以及人员力量的限度,依托第三方社会组织对政府购买服务进行过程管理已成为实践中的普遍做法,形成了购买服务过程管理中的政社合作模式。政社合作模式促进了专业力量、社会力量及行政权力在购买服务过程中的有效互动衔接。但购买服务过程管理中的政社合作仍然面临着社会公众参与度有限和行政权力规范运行不足等问题。未来的努力方向是进一步提升购买服务过程管理中政社合作的公开、开放和参与程度,将其打造成政府、社会组织及社会公众有效互动合作的制度平台。

第五,向终端消费者发放凭单的方式有助于解决购买服务供需错位、绩效评价滞后和政府治理成本不断增加等难题。向终端消费者发放凭单,赋予他们在多个服务承接主体之间进行竞争性选择消费的权利,促使他们选择契合偏好的服务,并在服务的生产和消费过程中进行督导和绩效评价反馈,这样也能够有效地节约政府治理成本。为了充分发挥凭单制的应用价值,需要根据价值导向筛选发放对象,适度放宽凭单的使用范围,增加承接主体的数量,采取实名制监控凭单使用过程。

第六,购买过程中的公开竞争性和实地督导等都是提升政府购买服务项目成效的必要条件。对我国政府购买服务项目成效的影响因素进行分析,从政府购买服务项目属性、竞争性程度及过程管理的理论视角提炼关键性的条件变量,并通过模糊集定性比较分析方法对 20 个政府购买服务的典型案例进行探讨,对影响因素进行测量检验,研究发现,购买过程中的公开竞争性和实地督导是提升政府购买服务项目成效的必要条件，公开竞争性、实地督导和实地绩效评价等条件的不同组合形式都显著地影响了购买服务项目的绩效提升。

当前市面上关于政府购买服务的著作已经很多了，因而是否要出版这部著作，我一直犹豫不决。在朋友们的鼓励和学术初心使命的驱动下，我最终下定决心将学习购买服务这一主题的成果发表出来，接受大家的检验。具体来看，本书试图从如下几个方面进行努力：一是试图跳出购买服务质量监管的范式，提出了政府购买服务过程管理的理论观点。政府购买服务面临着委托代理的难题，在购买服务中要兼顾公平性、公共服务质量和市场的灵活性及效率是现实提出的一大挑战。既有的文献多从加强政府监管和质量控制角度寻找出路，但这样往往会简化为对政府购买服务项目的绩效管理或评价，对于提升政府购买服务项目的效果而言还是不够充分。本研究从需求分析、采购决策、项目实施督导和结项评价四个阶段探索提升政府购买服务质量的全过程管理机制。二是比较系统性地探讨了需求分析、采购决策、项目实施督导和结项评价等环节的实现机制，力图对政府购买服务的实践有所启发。本研究不是停留在理论层面倡导政府购买服务过程管理这一理念，而是针对四个环节设计提出了针对性的改革方向，并结合典型案例探讨了实践中的具体经验和做法，这对于一些地方政府加强和改进购买服务中需求分析、采购决策、项目实施督导和结项评价等方面的工作具有较强的借鉴价值。三是探索性地提出了在政府购买服务过程管理中引入凭单制和政社合作运营的观点，采用这种办法既有助于解决购买服务中供需错位的问题，也有助于节约购买服务的治理成本。大众一般会认为加强政府购买服务的过程管理需要增加政府对购买服务的干预和投入，会增加治理成本。在本研究中，基于理论推导和经验观察，笔者认为凭单制会彻底改变公共服务供给的流程结构，将处于供给链条末端的终端消费者置于服务供给的核心环节，他们从被动的接受者转变为主动的选择者和资源流向及流量大小的真正决定者,这有助于解决供需错位问题,能够促进服务项目的绩效评价,有利于节约治理成本。引入第三方协助政府开展购买服务过程管理,有助于降低外部成本,增强专业性,实现权力、专业秩序和社会秩序的柔性融合互动。

当然主观上的创新并不等同于客观的结果。本书只是对我过去一段时间学习研究的初步总结。书中所提出的一些新的观点和论点,是否成熟,是否对实践有启发和指导意义,还有待于进一步的检验。由于笔者的时间、精力和能力有限,对于政府购买服务过程管理的项目督导环节的研究还没有完成,未能在本书中呈现。理论与实践的互动是我们进行学术研究的根基。政府购买服务的实践正处于发展过程中,因此,我们对政府购买服务过程管理的研究还在路上。

目录

第一章　政府购买服务的起源与发展 ················· 1
　　第一节　政府购买服务的源起和范围 ··············· 2
　　第二节　政府购买服务的类型、价值和挑战 ············ 19
第二章　政府购买服务：我们在做什么样的研究 ············ 31
　　第一节　引言 ························· 31
　　第二节　样本来源及指标设计 ·················· 32
　　第三节　样本分析 ······················· 35
　　第四节　总结及讨论 ······················ 44
　　第五节　结束语 ························ 45
第三章　政府购买服务决策 ······················ 47
　　第一节　政府购买服务决策基本理论 ··············· 47
　　第二节　政府购买服务决策的模型 ················ 56
　　第三节　购买服务决策的中国化表现形式 ············· 63
第四章　政府购买服务过程管理的理论分析 ·············· 67
　　第一节　引言 ························· 67
　　第二节　政府购买服务面临的挑战和难题 ············· 68
　　第三节　政府购买服务过程管理的理论视角 ············ 71
第五章　B市政府购买服务过程管理的实践探索 ············ 78
　　第一节　B市政府购买服务过程管理的实践起源 ·········· 78
　　第二节　B市政府购买服务过程管理的特点 ············ 81
　　第三节　B市政府购买服务的效果和影响 ············· 89
　　第四节　政府购买服务过程管理能力建设的政策选择 ········ 97
第六章　政府购买服务过程管理中的政社合作 ············· 106
　　第一节　引言 ························· 106

第二节　购买服务过程管理需要政社合作…………………… 109

　　　第三节　政社合作的实践模式和问题…………………………… 115

　　　第四节　结论与政策思考………………………………………… 120

第七章　政府购买服务的需求管理模式和改革方向……………… 123

　　　第一节　文献回顾………………………………………………… 124

　　　第二节　政府购买服务需求管理的实践模式………………… 125

　　　第三节　政府购买服务需求管理模式面临的难题…………… 129

　　　第四节　政府购买服务需求管理的改革方向………………… 133

第八章　政府购买服务立项评审过程管理………………………… 136

　　　第一节　政府购买服务立项评审过程的制度规范…………… 136

　　　第二节　政府购买服务立项评审过程的流程环节…………… 143

　　　第三节　政府购买服务立项评审过程的参与主体…………… 147

第九章　政府购买服务项目的结项评价机制……………………… 152

　　　第一节　基本概念………………………………………………… 153

　　　第二节　理论基础………………………………………………… 155

　　　第三节　B市P区政府购买服务结项评价管理机制案例分析

　　　　　　　…………………………………………………………… 157

　　　第四节　政策启示………………………………………………… 164

　　　第五节　结论……………………………………………………… 167

第十章　凭单制在政府购买服务中的作用机理及政策措施……… 168

　　　第一节　凭单制及其在购买服务中的作用机理……………… 169

　　　第二节　政府购买服务实践面临的难题需要引入凭单制破解

　　　　　　　…………………………………………………………… 177

　　　第三节　凭单制在政府购买服务中的政策措施……………… 185

第十一章　政府购买服务项目成效的影响因素研究……………… 192

　　　第一节　引言……………………………………………………… 192

  第二节 文献与理论模型 …………………………………… 194
  第三节 案例选择与研究方法 ………………………………… 200
  第四节 结果分析 …………………………………………… 204
  第五节 结论与政策启示 …………………………………… 209
参考文献 ………………………………………………………………… 213
后　记 ………………………………………………………………… 224

第一章　政府购买服务的起源与发展

购买服务是政府职能实现方式的一个重大转变。这一实践发展既是新公共管理改革运动的实质性构成部分，也是更宽泛意义上的新公共治理（New Public Governance）的构成部分。新公共管理运动（New Public Management）聚焦于竞争（或者市场化），采用私人部门的管理技术，促成结果基础的管理体系，新公共治理的焦点之一则是明确政府和社会之间的关系[①]。签订合同购买服务是许多国家目前供给公共服务普遍采用的做法，以至于被有的学者称为"合同国家"[②]。政府向社会力量购买服务不仅意味着政府职能是有限的，不属于政府职能范围的事务，政府就应该交给市场和社会领域，而且意味着即使属于政府职能范围内的事务，政府也不一定要亲力亲为，而是通过购买服务的方式交给社会组织及企业等第三方力量去运作。从这个意义上讲，政府向社会力

---

① GRAVE C. Contracting for Public Services[M]. Routledge, 2006, p3.
② 菲利普·库珀. 合同制治理：公共管理者面临的挑战与机遇[M]. 上海：复旦大学出版社，2007.

量购买服务标志着政府治理模式的转型。作为一个政府治理模式转型的缩影，中国的政府购买服务也取得了长足的发展，这一点不仅体现在政府购买服务实践操作的进步、资金额度的不断增多，而且体现在政府购买服务制度框架的逐步成型，这一制度框架的核心是围绕政府购买服务过程环节的规范管理。

第一节 政府购买服务的源起和范围

购买服务其实是将原来政府承担的一些服务工作通过购买的方式外包给外部的力量去承担。历史地看，政府向企业或者社会组织等社会力量购买服务的实践可以追溯到很早，但是真正作为一个显性的改革实践和具有全球范围影响力的改革风潮，受到学界广泛关注和研究，则是在新公共管理运动时期才出现的。中国历史上存在的所谓"官督商办"实质上应该是政府购买的早期雏形。美国在独立战争的过程中就采用了购买的方式从私人力量那里获得军队所需要的食品、衣服和武器[1]。然而在政府购买服务流行开来之前，政府向社会公众供给服务是普遍存在的模式。

一、政府购买服务的内涵

涉及政府购买服务的名词比较多，如合同、合同外包、政府购买公共服务、政府公共服务合同外包、政府购买社会服务、政府购买社会公共服务等。应该说，名词术语混杂的现象比较突出。为此，北京大学的

---

[1] 菲利普·库珀. 合同制治理：公共管理者面临的挑战与机遇[M]. 上海：复旦大学出版社，2007.

句华曾经专门撰文进行辨析①。人们在使用这些名词的时候，通常认为大众会普遍接受其默认的意涵，但实际上，不同的人对这些名词默认意涵的理解并不一致。因此，有必要对这些名词进行系统性的梳理和辨析，以澄清误会，减少谬传。

政府购买服务是本书所使用的名词，笔者首先要对其做出界定。对这个名词的界定需要从主体、内容和对象三个角度进行。首先，政府购买服务已经明确了购买服务的主体是政府。中国财政部2020年出台的《政府购买服务管理办法》明确各级国家机关是政府购买服务的购买主体，公益一类事业单位、使用事业编制且由财政拨款保障的群团组织，不作为政府购买服务的购买主体和承接主体。其次，就购买的内容而言，这里的服务是一种面向对象的服务性活动，与有形的产品相区别，这种服务多数是需要比较密集的劳动才能够进行供给。从外延的角度来看，本书所界定的服务包括三大类：第一类是公共服务，就是由政府购买面向社会公众供给的公共性服务，社会公众是这类服务的终端消费者。这类服务突出公益性和普遍性，这一点既不同于面向个体提供的私人服务，也不同于面向特定群体提供的社会服务。第二类是政府履职所需要的辅助性服务，这类服务事项并不对外部的社会公众提供，政府部门是终端消费者。第三类是社会服务，虽然《政府购买服务管理办法》并未将社会服务纳入政府购买服务的范畴，但是在政府购买的实践中，这类针对特定弱势群体的社会服务类项目还是比较常见的，而且一般而言，这类服务项目的购买活动基本也是参照《政府购买服务管理办法》来规范的。根据句华在《政府购买服务相关术语的混用现象及其辨析》一文中的探讨，我们赞同其对社会服务的界定，认为社会服务主要是指针对脆弱群体所提供的非现金形式的、具有社会福利性质的个人或社区服务，随着

---

① 句华. 政府购买服务相关术语的混用现象及其辨析 [J]. 中国行政管理, 2017(1): 67–71.

经济的发展，其服务对象逐步向全体公民扩展[①]。基于此，我们认为政府购买服务，是指各级国家机关将属于自身职责范围且适合通过市场化方式提供的服务事项，按照政府采购方式和程序，交由符合条件的服务供应商承担，并根据服务数量和质量等因素向其支付费用的行为。

接下来我们再对合同、合同外包等相关概念进行探讨。所谓合同，是指一个在买卖双方之间形成的正式协议，协议明确了供给的服务或产品的条件。按照威廉姆森的观点，在新制度经济学的视野中，合同时买卖双方之间的协议，要明确预期的条件，主要包括价格、资产的专用性及安全措施，明确服务或产品的数量、质量及周期等相关内容[②]。签订合同的过程就是买卖双方之间达成协议的过程，这一过程包括了买卖双方之间合同关系的设计和执行。经济合作与发展组织将合同外包界定为政府与私人供给者之间通过合同约定，由供给者向政府部门或机构提供服务，或者代表政府直接向终端消费者居民提供服务的过程。

二、政府购买方服务的背景和动因

传统地看，公共行源于政治—行政二分，政治承担起了决策和任务安排的功能，行政则主要是承担执行的功能。大量的公共服务项目由政府供给。在这种模式下，出于分工和专业化的追求，政府走向了专业主义，成立了大量的专业性部门或组织。科层化的组织体系大规模普遍出现的根本性原因是它们迎合了 21 世纪工业化和城市化这两大特征的挑战。适应工业化社会形态的治理是高度分工和专业化的。这一点也体现在政府管理实践中。胡德（Hood）和杰克逊（Jackson）将专业化列为行政共有的九大信条（Doctrines）之一，专业化可以根据工作特性、客

[①] 句华. 政府购买服务相关术语的混用现象及其辨析[J]. 中国行政管理，2017(1): 67-71.

[②] WILLIAMSON O E. The Mechanisms of Governance[M]. Oxford: Oxford University Press, 1996.

户特性、地点、过程、目标等五个要素组织实现[①]。政府通过部门分工，直接向社会公众供给公共服务是主导性的服务供给模式。但是随着20世纪七八十年代的经济危机和新古典自由主义的兴起，购买服务这种服务供给方式逐步兴起并流行开来。整体上来看，政府购买服务这种方式兴起的背景和民营化改革的背景是一致的，都是对福利主义和政府低效率的反应，也是公共选择等新的理论观点在现实实践中的映射。

（一）传统福利国家面临较大财政压力

第二次世界大战后，由于西方国家过度干预导致的官僚主义和低效率使得传统福利国家模式难以维系[②]。在进步自由主义的指导下，人们对政府的作用有了更加深入的认识，他们相信政府，认为政府通过干预市场，限制个人的自由，来创造人类的福利[③]。为了战后重建问题，受丘吉尔委托，贝弗里奇领导撰写了名为《社会保险及相关服务》的研究报告，提出了建立战后新型社会保障和福利制度的一整套方案，为西方福利国家的建设提供了蓝图[④]。英国工党艾德礼政府在1946年至1948年提出并实行了一系列重要的社会立法，包括《国民保险法》《国民医疗保健法》《住房法》《国民救济法》及《家庭补助法》等。这些法律构筑了现代英国福利制度的基本框架，使英国人的生、老、病、孤、寡、死，及衣、食、住等都得到了基本的保障。英国的福利政策迅速向欧洲尤其是西欧其他国家扩散，到1958年，几乎所有的西欧国家都完成了社会

---

① HOOD C. JACKSON M. Administrative Argument[M]. Brookfield, VT: Dartmouth Publishing.

② 彭婧，张汝立. 论政府购买服务的发展演进[J]. 北方民族大学学报（哲学社会科学版），2014(6): 108-110.

③ 毛寿龙. 西方政府的治道变革[M]. 北京：中国人民大学出版社，1998: 24.

④ 关信平. 西方"福利国家之父"——贝弗里奇——兼论《贝弗里奇报告》的诞生和影响[J]. 社会学研究，1993(6): 71-79.

保障制度的立法工作[①]。随着社会福利不断增多、公共开支不断增加，当福利开支超出了政府能够承担的范围时，一些国家往往采取财政赤字的方式，这就使得它们逐渐背上了沉重的债务包袱。例如，自 1948 年英国宣布建成"福利国家"以来，每年的社会保障支出已由 65.7 亿英镑攀升至 615 亿英镑，1951 年至 1986 年，英国出现财政赤字的年份有 32 年，累计赤字达 1209 亿英镑[②]。在 1990 年，欧共体 12 国在养老金和医疗保健方面的亏空就高达 7.5 万亿（欧洲货币单位），相当于同年欧共体国内生产总值的 14.5%[③]。20 世纪 70 年代许多经合组织国家遭遇了因石油危机而带来的经济危机，经历了持续的低增长、高通胀、高失业等，因此，国家的财政收入下降，同时财政支出持续上升。如此一来，经合组织国家陷入了严重的财政危机[④]。

作为应对危机的重要措施，英美等国家推出了一系列改革措施。福利国家政府干预通常有三种方式：一是政府直接经营生产产品或服务；二是政府补贴产品或服务；三是政府管制产品或服务的生产。与此相应，英美国家采取了减少政府直接生产、减少政府补贴和放松规制的改革措施[⑤]。与其他比较激烈的改革措施相比，购买服务这种方式保持了政府对产品或服务的数量、质量等标准的控制，又通过合同的方式引入了更多的民间力量投入生产过程。相对而言，这是一种兼顾政府和社会力量两方优势的选择，因而在实践中受到了广泛的青睐。据 Savas 的计

---

① 李宏.从消极福利国家到积极福利国家——民主社会主义探索新福利制度[J].当代世界社会主义问题，2001(1): 53-58.

② 黄群超.试析战后英国"福利国家"的困境[J].历史教学问题，2000(3): 37-38, 32.

③ 王晓玲.欧洲国家的社会危机与公民资格重建[J].欧洲，2000: 80-88.

④ 毛寿龙，陈建国.经济合作与发展组织国家公共服务民营化研究（上）[J].兰州大学学报（社会科学版），2009, 37(5): 1-12.

⑤ 徐月宾.西方福利国家社会服务发展趋势政府购买服务[J].民政论坛，1999(6): 35-38, 46.

算，美国至少有 200 种服务是由承包商向政府提供的；调查显示，1987年美国人口超过 5000 人的市镇和人口超过 25000 人的县 99% 实行过合同外包[①]。

（二）降低服务供给的成本

政府购买服务非常重要的一个动因是降低政府的服务供给成本。这个动由往往和交易成本概念密切相关。部分学者认为，相对于政府组织生产服务而言，购买服务往往更能够为政府节省资金。例如，民营化大师萨瓦斯将节约成本列为政府为什么向社会力量购买服务众多理由中的首要理由。他对大量的研究进行了总结之后发现，购买服务花费的成本更少，而就产品或服务质量而言，购买服务至少不比政府直接生产差。之所以能够节约成本，主要是因为在购买服务的项目执行过程中，社会单位中的工作人员时刻面临着竞争压力，每个员工的生产率比较高[②]。平均来看，政府购买服务可以带来 20% 左右的成本节约[③]。虽然人们对于这一数据还有所争论，但毫无疑问的是，大家基本上对于购买服务能够节约成本这一看法是一致的。

成本节约是相对于政府直接供给公共服务而言的。相较于向社会力量购买服务，通过竞争性机制提升服务质量、降低服务成本，政府直接供给公共服务通常面临着低效率的挑战。购买服务可以减少政府对公共服务供给过程的垄断，从而有助于提升效率。如果是政府依靠单一的部门垄断性地供给服务，那么该部门是不会有动机节约成本的。相反，根据尼斯坎南关于追求预算最大化的官僚理论，政府主导公共服务的供给

---

① SAVAS E S. Privatization and Public-Private Partner-ships. New York: Chatham House Publishers, 2000.

② SAVAS E S. Privatization and Public‐Private Partnership. New Jersey: Chatham House, 2000.

③ DOMBERGER S. The Contracting Organization: A Strategic Guide to Outsourcing[M], Oxford: Oxford University Press, 2001.

过程可能会出现比较严重的浪费现象。购买服务能降低服务成本的另一个关键因素是，该机制用利润激励替换了官僚体制的预算最大化和机构扩张激励，这将有助于遏制预算增长和政府机构膨胀[①]。

公共选择学派的学者认为，认真分析产品和服务的属性对于重塑它们的供给路径很重要。无论是对公共产品和服务，还是对私人产品和服务而言，公共机构的垄断和私人机构的垄断都会导致低效率和低回应性。因此，公共选择学派主张鼓励政府探索引入服务供给的替代性方法，在联邦、州或地方科层机构负责的服务供给中引入更多的准市场机制。

（三）购买服务的政治考量

除了财政压力和降低服务供给成本这两个经济视角的考虑之外，推动政府购买服务还有非常重要的政治考量。尼古拉斯·亨利认为政府通过合同外包来供给公共服务在政治方面的好处主要是和政治弹性（Political Flexibility）有关[②]。第一，购买服务可以成为政府对相关行业或社会组织进行特殊扶持的灵活性的政策工具。政府可以基于产业或国家发展战略的考虑，有侧重地在某些产业或领域开展购买服务活动，从而有意识地实现对它们的扶持。第二，购买服务可以让政府将政策创新的风险控制在较低的范围内。对于一些不确定的政策领域，政府可以尝试采取向社会力量购买服务的办法开展创新性的政策实验，这种实验失败的风险是高度可控的。因为如果实验失败了，政府所需要做的只是终止一项购买服务的合同，这样做一般并不会遭到受影响公众的强烈反对。调查表明，美国的一些地方政府采取购买服务的民营化措施的重要考虑之一就是看中了社会力量拥有创新性的管理和制度能力。第三，购

---

① DEHOOG, HOOGLAND R. Contracting out for human services economic, political, and organizational perspectives[M]. New York: State University of New York Press, 1984.

② 尼古拉斯·亨利.公共行政与公共事务[M].北京：中国人民大学出版社，2002: 552.

买服务可以让政府有能力承担更多的风险。当政府采用购买服务的方式提供公共服务时，政府处于一个相对超脱的地位，因而可以有效地减少风险的集中。第四，购买服务也可以成为政府治理创新的重要表现形式。在新公共管理运动之后，创新已经成为许多政府追求的重要目标之一。购买服务的合同是政府与社会力量合作创新治理的重要工具。合同可以将政府与社会力量连接起来，也可以将公私力量各自的优势和劣势界定清楚[1]。依靠合同形成的协议网络已经成为网络型治理模式的基本单元。斯蒂芬·戈德史密斯和威廉姆·D.艾格斯认为，服务合同网络已经成为政府利用的一种组织工具。合同承包者的服务协议和关系创造了一组纵向和水平的网络连接，这种组织形态迥然于单元间一对一的简单关系。这种合同网络广泛应用于包括健康、精神、福利、儿童照顾、交通和国防等众多领域[2]。

三、政府购买服务的范围

政府购买服务作为一种创新的措施，受到了人们的普遍欢迎。著名的公共管理学者简·莱恩（Jan-Erik Lane）甚至认为合同外包服务就是新公共管理，他认为偏离传统服务供给模式，走向一种合同基础上的服务供给的趋势已经形成，合同外包是新的改革浪潮区别于旧的服务供给风格的标志[3]。

那么，政府购买服务有没有适用的范围？哪些服务事项适合政府购买服务？哪些事项不适合政府购买服务？哪些事项采用购买服务的方式能够提高政府治理效率？哪些事项采用购买服务的方式不利于提高政府治理效率？

---

[1] CARSTEN G. Contracting for public services[M]. New York: Routledge, 2008, p11.

[2] WILLIAM D E. Governing by network[M]. Washington D.C.: Brookings Institution Press, 2004.

[3] LANE J. New Public Management[M]. London: Routledge, 2000.

（一）政府购买服务范围的理论分析

虽然政府购买服务实践错综复杂，但是我们还是可以从理论模型的角度划定政府购买服务的理想范围。需要指出的是，这里划定政府购买服务范围的方法是一种规范性分析。这种规范性分析是在服务供给效率等价值理念的指导下进行的。一系列的因素决定了政府购买服务的应然范围。这些因素是政府在做出购买服务的决策时必须要考虑的影响因素。

影响政府购买服务范围的第一个因素是服务内外部生产的成本。这两个成本基本上能够界定合理的购买范围。当政府组织内部生产服务的成本太高时，就应当将一些服务通过购买服务的方式外包，这样就可以适当降低内部管理协调的成本。有些政府组织为了生产某些服务，不得不建立部门，扩张队伍，需要花费更多的时间和精力协调人员的服务生产活动，但仍然难以有效管理人员开展生产性活动，不能够生产出高质量的产品和服务。相反，合同外包服务也需要付出一些成本。这些成本主要来自提出购买需求、约定合同内容、设定服务标准、与外部的社会力量进行互动协调等活动。随着上述活动的复杂化，外包服务供给的成本也可能会逐步增加，当增加到一定程度时，就可能超过外包服务所获得的收益，那么此时购买服务可能就得不偿失了。从理论上讲，政府购买服务的最佳范围应该是在内部生产边际成本与外部生产边际成本相等的时候。

具体而言，与交易成本相关，资产专用性和服务度量的难易程度是约束政府购买服务范围的第二个重要变量。威廉姆森认为"资产专用性"（Asset Specificity）是指资产在没有价值损失的前提下能够被不同的使用者用于不同投资场合的能力，资产的专用性包括专用地点、专用实物资产、专用人力资源资产及特定用途的资产等[1]。资产专用性越强

---

[1] 句华. 公共服务合同外包的适用范围：理论与实践的反差[J]. 中国行政管理，2010(4): 51-55.

的事务越不适合通过合同购买的方式进行供给。因为资产专用性越强的事务沉淀成本越大，越可能具有较强的垄断性。资产专用性高的原因主要包括特定场所只有花费更高的成本才能移动；高度专业化的人工技能并不能转用于其他工作目标；使用的专用工具或为特定目标设计的复杂系统[1]。服务度量的难易程度直接影响到政府能否对购买服务项目结果进行判断。当服务度量难度大时，政府购买服务项目的结果衡量就比较困难，此时就没有明确有效的方式对承包商的生产行为进行监督控制，承包商因而容易出现偷工减料的行为。在这两个因素的作用下，那些资产专用性比较弱、服务度量难度小的事务应该纳入到政府购买服务的范围；相反，那些资产专用性比较强、服务度量难度大的事务则不应该纳入到政府购买服务的范围。具体参见表1-1所示。

表1-1 服务的交易成本分类

	低资产专用性	高资产专用性
容易度量	低交易成本服务	混合交易成本服务
难以度量	混合交易成本服务	高交易成本服务

资料来源：TREVOR L. BROWN & MATTHEW POTOSKI TRANSACTION COSTSAND CONTRACTING: The Practitioner Perspective, Public Performance & Management Review, (2005)28:3, 326-351

影响政府购买服务范围的第三个变量是组织的核心业务和核心竞争力。一般情况下，属于一个组织非核心业务范围的事务会纳入该组织购买服务的范畴；而那些组织的核心业务则不会纳入购买服务的范围。任何一个组织的核心业务与核心竞争力是该组织的本质性规定，是一个组织区别于其他组织的关键所在。如果将这些事务通过合同外包了，那么

---

[1] BROWN T L, POTOSKI M. Transaction Costsand Contracting: The Practitioner Perspective[J]. Public Performance & Management Review, 28: 3, 326-351.

该组织偏离了其本质。究竟哪些事务适合通过购买服务供给的方式？这个问题在不同的组织那里有不同的答案。因为不同组织的核心业务和核心能力不同。如果某些事务是一个组织的核心业务和核心竞争力的话，这个组织应当把稀缺的资源、时间和精力用于这些核心业务的处理。相对于该组织的能力而言，处理这些业务的成本相对也比较低。为了集中精力搞好核心业务，一个组织将稀缺的资源、时间和精力花费在那些非核心业务上是不必要的、低效率的。斯蒂文·科恩和威廉姆·艾米克认为，当政府能够做同样好或者更好的事务时，不适合外包给社会力量去承担[1]。例如，根据美国联邦采购政策局（Office of Federal Procurement Policy，OFPP）的政策文件，倾向以"政府固有职能"（inherently government functions）作为辨别标准，禁止将政府固有职能委托民间办理。美国联邦采购政策局1992年发布的第92号政策函（Policy Letter 92）对"政府固有职能"的含义做了阐释：若某项职能与公共利益密切相关，以至于应当由政府公务人员执行的，即属于政府固有职能[2]。因为这些事务能够处理得比较好，说明政府在这方面具有比较优势。相反，通过合同购买的方式引入在相应领域具有优势的外部力量处理这些非核心业务，对于该组织而言就成为提高组织效率和生产力的最佳选择。

影响政府购买服务范围的第四组变量是服务的可描述性、监督的难易及竞争的程度。一般情况下，那些可描述性强、容易监督、竞争性强的事务可以纳入政府购买服务的范围，而那些可描述性弱、不容易监督、竞争性弱的事务则不会纳入政府购买服务的范围。不同类型的服务在这三个方面表现不同，因而有些服务适合纳入政府购买服务的范围，

---

[1] COHEN S. EIMICKE W. The responsible contract manager : protecting the public interest in an outsourced world[M]. Washington D.C.: Georgetown University Press, 2008, pp31.

[2] 常江. 美国政府购买服务制度及其启示[J]. 政治与法律，2014(1): 153-160.

有些服务并不适合纳入政府购买服务的范围[1]。凯文·拉维里（Kevin Lavery）对不同类型的服务的可描述性、监督的难易及竞争的程度进行了分析，具体如表 1-2 所示[2]。

表 1-2 不同类型服务的可描述性、监督的难易及竞争的程度分析

服务领域	服务的可描述性	监督	竞争的程度	总体评价
垃圾收集	1	1	1	1
供水	1	1	2.5	1.5
消防服务	3	3	5	3.5
儿童福利	3	3	5	3.5
娱乐设施管理	3	3	3	3
图书馆	2	2	5	4
人事管理	2	3.5	3	3

注：1=合同外包的可能性最大（服务硬性、容易监督、竞争激烈），5=合同外包的可能性最低（服务难以描述、监督困难、竞争很弱）。

资料来源：Kevin Lavery. Smarting contracting for local government Services[M]. Praeger Publishers, 1999, pp11-13.

除上述因素之外，一些规范性的价值理念也会影响政府购买服务的范围。这些规范性的价值主要是由政府的性质及公共服务的性质决定的。一般而言，政府部门的工作应当将公民或客户的利益放在首位。公共服务的供给过程应当体现诚信、公正和透明等价值，遵循法定程序。

（二）政府购买服务范围的现实情况

虽然我们在理论层面分析了政府购买服务的范围，似乎上述的六组因数都会对政府是否将某种服务纳入购买的范畴产生约束性影响，但是

---

[1] LAVERY K. Smarting contracting for local government services[M]. New York: Praeger Publishers, 1999, pp11-13.
[2] 句华. 公共服务合同外包的适用范围：理论与实践的反差[J]. 中国行政管理, 2010(4): 51-55.

从实践的情况来看，理论上的适用范围并未得到实践的有力支撑。也就是说，在实践中，外包比率最高的服务并都不是理论上适合外包的项目，而经常是那些被认为交易成本高、公共性强的服务[①]。

美国国际市/县管理协会（ICMA）从 1982 年开始，每 5 年在全国范围内进行一次有关公共服务提供方式的大规模专项调查。从 2017 年的全国调查结果来看，美国政府购买服务的范围已经相当广泛了，包括 7 个方面共 74 种服务。2017 年向所有人口超过 2500 人的城市和所有的县的行政主管邮寄了 13777 份问卷，调查政府服务的供给方式。共有 2343 人做出了回应，回应率为 17.0%[②]。调查规模比较大，结果具有一定的代表性。从结果来看，在调查的 74 项服务中，有城市或县选择了向营利性组织或非营利组织购买服务的方式。只不过有些服务采用购买方式供给的市县政府更多，有些服务采用购买方式供给的市县政府少一些。详细情况参见表 1-3 所示。

表 1-3 向营利和非营利组织购买服务的美国地方政府统计

大类	子项	向营利性部门购买（%）	向非营利组织购买（%）
公共工程/交通	1. 居住区固体垃圾收集	56.7	0.5
	2. 商业鼓励垃圾收集	61.9	0.5
	3. 循环利用	51.9	3.0
	4. 固体废物处理	47.4	0.7
	5. 街道维修	33.3	0.2

---

① 句华. 公共服务合同外包的适用范围：理论与实践的反差[J]. 中国行政管理, 2010(4): 51-55.

② International City/County Management Association. 2017 Alternative Service Delivery Survey-Summary of Survey Results[R/OL]. Washington, DC: ICMA, 2019. (Accessed 6 1, 2022) http://icma.org

续表 1-3

大类	子项	向营利性部门购买（%）	向非营利组织购买（%）
公共工程/交通	6. 街道和停车场清洁	18.6	0.1
	7. 除雪	10.4	0.2
	8. 交通信号灯安装维护	19.8	0.1
	9. 停车计时表的维护和收费	17.1	0.0
	10. 到边树的修建和种植	34.7	0.9
	11. 墓地的维护/管理	19.5	6.2
	12. 检查/执法	13.0	0.3
	13. 停车场和车库的运维	21.5	1.1
	14. 公交系统的运维	14.9	9.6
	15. 人行道系统的运维	17.5	12.9
	16. 机场运维	13.6	0.7
	17. 配水	9.0	0.5
	18. 水处理	8.7	0.5
	19. 污水收集处理	7.6	0.4
	20. 危险物质的处置	32.4	2.7
公用事业	21. 电力/燃气设施运行管理	50.9	1.5
	22. 读表及抄单	21.2	0.7
公共安全	23. 预防犯罪/巡逻	0.5	0.6
	24. 公共安全调度	0.8	0.8
	25. 灭火	0.9	4.2
	26. 紧急医疗救援	16.6	8.4
	27. 紧急医疗转运/救护车	22.2	8.7
	28. 停车罚单	4.1	0.4
	29. 拖车和存放	75.5	0.9
	30. 监狱	3.7	0.9

续表 1-3

大类	子项	向营利性部门购买（%）	向非营利组织购买（%）
健康食品社会服务	31. 卫生检查	5.8	0.8
	32. 昆虫和啮齿动物控制	26.7	1.5
	33. 动物控制	7.5	7.1
	34. 动物收容所运营	8.7	23.5
	35. 日间照料所运营	61.0	22.2
	36. 儿童福利项目	9.7	15.6
	37. 老人项目	11.3	26.1
	38. 老人营养项目	10.0	34.5
	39. 解决饥饿的项目	11.1	39.6
	40. 老人居家安全提升	15.5	33.3
	41. 居家健康照护/上门照护	34.7	28.0
	42. 医院运行管理	47.1	30.2
	43. 食品设施检查	7.4	3.3
	44. 成瘾治疗项目	30.8	37.2
	45. 精神健康项目和设施	28.3	36.4
	46. 流浪人员收容站运行	15.4	50.3
公园娱乐	47. 娱乐设施运营	5.8	5.9
	48. 公园绿化及维护	15.2	2.3
	49. 会议中心和礼堂的运作	19.5	8.6
	50. 课前课后教育项目或夏令营	1.5	21.3
	51. 青年娱乐项目	9.2	19.7
	52. 高级娱乐项目	9.4	20.8
	53. 文化艺术项目运作	15.2	41.0
	54. 图书馆运维	2.5	10.4
	55. 博物馆运维	7.0	47.6

续表 1-3

大类	子项	向营利性部门购买（%）	向非营利组织购买（%）
社区发展	56. 经济发展	8.5	18.6
	57. 综合土地利用规划	11.8	1.3
	58. 土地利用评估与审批	10.0	1.0
	59. 保障房	18.0	26.5
	60. 就业能力开发/就业培训	11.5	30.4
	61. 青年就业项目	12.1	30.3
辅助功能	62. 设施维护	25.5	0.5
	63. 办公空间安保	21.2	0.4
	64. 车队管理/汽修	31.2	0.2
	65. 工资编制	9.9	0.2
	66. 税单处理	8.8	0.7
	67. 税务评估	10.8	1.0
	68. 信息技术服务	45.8	1.4
	69. 拖欠税款征缴	16.2	0.9
	70. 标牌记录/平面图维护	10.8	0.7
	71. 法律服务	62.2	2.6
	72. 人事服务	11.6	1.2
	73. 公共关系/公共信息	7.1	0.9
	74. 客户服务中心系统（如31系统）	9.1	8.4

资料来源：International City/County Management Association. 2017 Alternative Service Delivery Survey - Summary of Survey Results[R/OL]. Washington, DC: ICMA, 2019. (Accessed 6 1, 2022). http://icma.org.

从其他国家来看，政府购买服务的范围也比较广泛。例如，英国政府购买服务的重点领域涉及青少年教育服务，还包括生活照料、物质保障、医疗保健和社会环境服务在内的养老服务，卫生保健服务，儿童福利服务，残疾人服务及青少年犯罪矫治服务等。欧盟 1992 年颁布的公共服务采购指令将适用范围分为"优先"和"非优先"两类。优先服务包括保养和维修服务、陆路运输服务、计算机与相关服务、研究与开发服务等领域。非优先服务涉及宾馆与餐饮服务，铁路运输服务，水路运输服务，支持和辅助运输服务，法律服务，人员安置与供应服务，调查与安全服务，教育及职业教育，健康与社会服务，休闲、文化与体育以及其他服务等十一大类[①]。

从中国的实践来看，政府购买服务的范围由《政府购买服务管理办法》规范，该办法规定政府购买服务的内容包括政府向社会公众提供的公共服务，以及政府履职所需辅助性服务。从中央政府发布的购买服务指导性目录来看，政府购买服务的范围包括基本公共服务、社会性管理服务、政府履职所需辅助性事项、技术性服务及行业管理与协调性服务等。其中公共服务包括公共安全服务，教育公共服务，就业公共服务，卫生健康公共服务，生态保护和环境治理服务，科技公共服务，文化公共服务，体育公共服务，社会治理服务，城乡维护服务，农业额，林业和水利公共服务，交通运输公共服务，灾害防治及应急管理服务，公共信息与宣传服务，行业管理服务，技术性公共服务等；政府履职辅助性服务包括法律服务、课题研究和社会调查服务、会计审计服务、会议服务、监督监察辅助服务、工程服务、评审评估和评价服务、咨询服务、信息化服务、后勤服务等内容。有的地方政府又增加了其他适宜由社会力量承担的服务事项。

---

① 民政部民间组织管理局德国、瑞典考察团. 德国、瑞典政府向社会组织购买服务情况考察报告[J]. 中国社会组织，2013(11): 27-30.

第二节 政府购买服务的类型、价值和挑战

政府购买服务是一种有效推动政府治理创新的重要机制。作为新公共管理的重要策略，购买服务虽然没有取代传统的分析框架，但简·莱恩认为其增加了一种新的公共部门治理研究的途径，那就是"契约主义"。新公共管理设计了一种合同制国家。在这个国家里，人事和其他资源都通过一系列的合同来管理。这些合同还界定了公共服务提供的目标和任务[1]。不同类型的购买服务对于公共治理具有不同的意义，也提出了相应的挑战。这些都需要政府进行良好的应对。

一、政府购买服务的类型

从不同的角度可以对政府购买服务进行不同类型的划分。不同的类型既可以用以对政府购买服务实践进行描述，也可以从类型的对比分析中发现问题，进行诊断。

（一）增量购买和存量购买

这种分类的依据是政府购买的服务是在既有的公共服务目录范围内进行购买还是在目录范围之外进行购买。如果是在目录范围内购买，可以看作是存量购买；如果是在目录范围外购买，可以看作是增量购买。

存量购买服务对政府职能和政府规模没有什么实质性的影响，不会导致政府职能的增多，也不会导致政府支出规模的扩大。这里所改变的只是服务的生产安排。在购买服务之前，这些服务内容由政府机构负责生产；在购买服务之后，这些服务内容则由承接购买服务项目的企业或者社会组织等社会力量承担。

增量购买服务对政府职能和政府规模会产生实质性的影响。这类购买行为会导致政府的职能增多，会导致政府的支出规模扩大。因为增量

---

[1] 简·莱恩.新公共管理[M].赵成根，译.北京：中国青年出版社，2004：168.

购买服务不仅改变了公共服务供给的流程和环节，而且增加了服务的内容。

（二）竞争性购买和非竞争性购买

竞争性程度被看作是影响政府购买服务绩效的关键性因素。仅仅将内部服务提供者暴露于竞争中，就足以引起工作实践的重大变化，重新设计工作的创新方法，从而大大节省成本。同样重要的是，无论这些供应商是私人的还是公共的，都会产生这种成本节省效果[1]。Domberger针对悉尼市60个购买服务的清洁项目的研究发现，采用非竞争性购买的项目平均成本是每平方米28.0澳元，采用竞争性购买的项目平均成本是14.5澳元，竞争的影响使成本减少了48.2%。在质量方面，存在竞争时，项目的绩效指标为0.63；不存在竞争时，项目的绩效指标是0.56，竞争带来的项目绩效差异为12.5%[2]。

但是政府购买服务实践表明，购买服务过程中承接主体之间竞争性程度并不完全相同，有的服务项目在外包的过程中竞争性程度高，有的服务项目在外包的过程中竞争性程度低。竞争性程度的高低可以从购买服务制度规则的开放性程度和区域社会力量发展程度等两个角度进行衡量，具体如表1-4所示。

表1-4 政府购买服务竞争性程度分析

		购买服务制度规则开放程度	
		开放	封闭
区域社会力量发展程度	发达	竞争性购买	非竞争性购买
	落后	非竞争性购买	非竞争性购买

资料来源：作者自制。

---

[1] DOMBERGER S. The Contracting Organization: A strategic guide to outsourcing[M]. Oxford: Oxford University Press, 1998, p39.

[2] DOMBERGER S. The Contracting Organization: A strategic guide to outsourcing[M]. Oxford: Oxford University Press, 1998, p44.

第一章 政府购买服务的起源与发展

一是购买过程的制度规则的开放性程度。当政府购买服务面向广大承接主体时，其竞争性程度就比较高，此时凡是符合相关条件的社会力量都可以申请承接购买服务的项目。一般而言，公开招标是开放性程度比较高的购买方式。当对购买服务的承接主体做出限制性规定的时候，竞争性程度就会受到限制，只有符合特定时间、空间、项目经验或者规模等条件的社会力量才可以申请承接相关的服务项目。例如，邀请招标就是一种选择性招标，采购人根据供应商或承包商的资信和业绩，选择一定数目的法人或其他组织（不能少于3家），向其发出投标邀请书，邀请它们参加投标竞争，从中选定中标供应商。相对于公开招标而言，邀请招标的竞争性程度就受到了一定的限制。相对于公开招标、邀请招标而言，竞争性谈判的竞争性程度又低了一些，因为竞争性谈判是采购人或者采购代理机构直接邀请三家或三家以上供应商就采购事宜进行谈判的方式。除此之外，《中华人民共和国政府采购法》所规定的单一来源采购和询价的竞争性程度更低。

二是一个地区社会组织等社会力量的发展程度。当一个区域的社会组织等社会力量比较发达时，实际上能够参与政府购买服务竞争过程的承接单位才会比较多；相反，当一个区域的社会组织等社会力量不发达时，即使购买过程的制度规则的开放性程度比较高，实际上能够参与到购买服务过程中的社会力量还是有限的，此时的政府购买服务仍然是一种非竞争性购买。事实上，社会组织等社会力量的发展程度是相当不平衡的。在国家提供的相同规制性制度的环境下，中国各地区的社会组织却呈现出参差不齐的发展景象。比如，2010年，社会团体密度最高的宁夏回族自治区平均每10万人拥有58.09个，而密度最低的河南省平均每10万人只拥有11.24个；民办非企业单位密度最高的省份是山东省，平均每10万人拥有30.41个，而密度最低的西藏自治区平均每十万人仅拥有0.40个；基金会密度最高的北京市平均每100万人拥有7.34个，而密度最低的河北省平均每 100 万人只拥有 0.35 个[①]。

从表 1-4 和上述的分析中我们可以发现，虽然在引入政府购买服务时，人们对竞争寄予了很大的希望，希望通过竞争节约成本、提升绩效，从而避免公共服务由官僚体制垄断性供给的弊端，但事实上，竞争性购买还是比较稀缺的。它的出现不仅需要购买服务的制度规则具有较高程度的开放性，而且是以区域性社会力量的发展作为前提的，二者缺一不可。

二、政府购买服务的价值

政府购买服务被寄予厚望，应当说这是一种推动政府治理模式转型的重要方式。购买服务不仅在专业化、提升效率、节约成本、引入市场约束和增加服务供给过程的弹性等方面具有较大的价值，而且在约束政府机构膨胀、职能扩张和推动政府治理转型等方面具有重要的价值。

（一）购买服务在服务供给方面的价值

购买服务最直接的价值是改变了公共服务供给的流程环节。原来是政府决策后，通过内部的机构和员工实现公共服务的供给，现在则是引入了外部社会力量开展公共服务的生产活动。这种变化看似微小，其实对服务供给具有多方面的价值。

第一，购买服务有助于服务生产的专业化。购买服务将相关的服务事项委托给相关专业领域的社会组织或企业去生产，有利于发挥它们的专业化特长。这种专业化特长的发挥也是实现相关社会力量比较优势的过程。任何一个组织都有其核心业务和核心能力。面对众多的公共服务事项，政府部门不可能在每一个领域都拥有核心能力。购买服务打开了一条通道，在各个服务领域有核心能力的社会力量可以进入到公共服务的生产过程中。这样一来，从理论上讲政府部门就可以扬长避短，将有

---

① 李国武，邓煜平，李雪燕. 地区人口结构与社会组织发展——基于社会需求理论的研究[J]. 吉林大学社会科学学报，2014, 54(4): 136-145, 175.

第一章　政府购买服务的起源与发展

限的资源汇集到自身所擅长的事务上。

第二，购买服务可以引入市场作用机制。在传统的模式中，政府是通过内部的科层控制实现服务供给的，依靠权力机制进行内部生产。内部生产倾向于在很大程度上依靠创造了科层组织的长期合同[①]。这种长期合同实际上就是通过与工作人员之间的长期雇佣关系，将他们的时间、精力和劳动投入到公共服务的生产过程中来。虽然是内部生产，但仍然需要委托代理关系。政府主要是通过层层命令、控制和监督来缓解委托代理问题的。韦伯认为这种理想形态的官僚体制可以提升服务的生产效率。购买服务则打破了官僚体制垄断公共服务供给的格局，用众多的短期合同替代了长期合同。为了获得短期合同，众多社会组织彼此之间会展开竞争。而当政府对服务事项的承接单位的行为和绩效不满意时，就可以如同市场上的买家一样，比较自由地更换服务商。

第三，购买服务可以引入更多的灵活性。在购买服务之前，政府的公共服务生产活动缺乏相应的灵活性。由于机构和人员是固定的，没有办法随时终结或调整一个服务项目的生产活动，但是在引入购买服务机制后，短期合同替代了部分长期合同，从而实现了灵活性对机构僵硬性的替代。这里的灵活性主要是指公共服务的生产安排可以根据供给和需求的状况进行调整，而且这种调整的时间比较短，付出的代价比较小。最具有灵活性的服务生产机制是市场机制，价格会随时反映供给和需求的变化情况。

第四，购买服务可以节约成本。购买服务一般情况下遵循着"价低质优者得"的原则进行交易。如前所述，购买服务往往由于竞争机制的作用，一般情况下会带来成本的节约。Simon Domberger 分别从专业化、市场自律、灵活性和节约成本四个方面对购买服务的价值进行了总结分析，详细情况参见表1-5。

[①] 简·莱恩. 新公共管理[M]. 赵成根, 译. 北京：中国青年出版社，2004: 152.

表 1-5　购买服务价值的总结

标题	定义	评述
专业化	聚焦于那些组织形成显著性特长和优势的活动,让其他组织生产支持性的产品和服务	专业化可以产生可证实的经济收益。聚焦于组织有比较效率的活动,增加的总价值会被最大,也有利于规模经济效应的发挥
市场机制	确定购买者和供给者分离的条件,并且采用合同的形式进行交易	市场机制课题提供一系列的好处,例如让购买者聚焦于产出而非投入、供给者之间的竞争、购买者的自由选择及创新性的工作实践
灵活性	以低成本和较快速度调整生产规模的能力	相对于整合性的大组织而言,通过合同与客户连接起来的小型组织间的网络可以因变化的条件快速低成本地进行调整
节约成本	相较于内部生产,服务供给使用的资源成本较低	国际研究表明合同购买服务可以带来可观的成本节约,平均可以达到20%左右。一个普遍的规律是,效率的提升未必牺牲质量

资料来源：Simon Domberger. The contractingorganization: a strategic guide to outsourcing[M]. Oxford: Oxford University Press, 1998, p51.

除了上述四个方面的内容之外，露丝·德霍格概括出了利用合同购买服务可以获得更好的服务、较少开支或者是得到更大的灵活性。她将这些好处概括为如下几条：一是在无需对项目做长期承诺时便可尝试一些示范或试点项目、服务或者法律的地方；二是当确实想降低成本并维持优质服务的时候；三是在政府没有必备的经验、设备或者专业知识来提供服务的时候；四是当政府偶然或者季节性地需要某些服务的时候；五是在规模经济可以实现的地方；六是在政府官员可以确定轻重秩序、服务水平和成果目标并且有机会奖惩合同的地方；七是在环境中有足够的竞争来确保政府可以选择的时候；八是在采用并坚持公平竞争秩序的地方；九是在出于政治动机的奖励最小化的地方；十是在政府机构有资源并打算实施有效监督方法的地方[①]。

（二）购买服务在政府治理方面的价值

除了在服务供给方面具有较为显著的价值之外，购买服务对于政府治理转型而言也具有显著的意义。

第一，购买服务推动了政府从封闭走向开放。在购买服务之前，政府垄断了服务供给的所有过程和环节，因此服务供给处于一种封闭的状态。人们所能够看到的仅仅是服务供给的结果。服务供给的投入、决策和标准控制等环节都是在官僚体制这个黑箱内部运作的。相反，在引入了购买服务这种机制之后，政府要公布购买服务的目录清单，这样一来人们对公共服务事项清单就有了比较清晰的概念。同时，在购买服务的过程中还要采取公开招标等竞争性机制，招标公告会将购买服务的成本预算规模公开。这些都促进了政府服务供给的公开化。在中标之后，承接服务购买项目的社会单位要直接面向社会公众生产服务，它们也处于公众监督的视野之中。从购买服务结项的角度来看，多数情况下也会引入一些社会公众的评估作为参与性的意见。这在一定程度上也实现了开放型的参与式绩效评估。

第二，购买服务推动政府从过程管理走向绩效管理。在采用购买服务机制之前，政府在公共服务的供给过程中采用的投入和过程控制的办法。因为传统的公共行政理论认为，控制严密的组织结构有助于提高公共部门的效率。在传统的形式中，以权力为基础的治理是建立在规则、机构和政治等级之上的纵向模式，它指示行动，对违规者进行制裁，它用一些具体的责任制形式来限制那些治理者以及控制由他们领导的机

---

① DEHOOG, HOOGLAND R. Contracting out for human services economic, political, and organizational perspectives[M]. New York: State University of New York Press, 1984, p141.

构[1]。但是在采用了购买服务机制之后，承接服务项目的机构并非政府机构的部门或者下级，承接服务项目的机构工作人员并非科层体系中权力链条中的成员。因此，采用过程性的控制管理对他们并不能够奏效。相对而言，他们是比较独立的行动者。适应这种管理对象的转变，政府在购买服务的过程中就不得不用结果管理替代过程管理。由于购买服务最终要体现在政府部门和社会力量之间的合同关系上，双方要在合同中约定清楚购买服务的内容和绩效目标及指标。这些目标和指标是购买活动指向的目的，也是检验项目执行是否完成的标准。因此，政府部门要聚焦于对项目执行结果的判定，以实现对购买服务的管理。

第三，购买服务推动政府由控制性治理走向协商性治理。在引入购买服务机制之前，政府的治理是一种控制性的治理。这种控制性治理就是菲利普·库珀所谓的纵向模式，在该模式中公共服务供给的问责技术来自垂直的、以等级权威为基础的过程[2]，或者是简·莱恩所谓的长期公共合同，采用这种合同的包括软部门中的官僚制组织和商业部门中的公共企业。长期公共合同中使用了计划和前馈控制，以及包括审计和绩效分析在内的评估和反馈控制。这种长期合同通过将机构和雇员之间的报酬和劳动交换关系固定下来，再通过上述的控制性手段，保证了对公共服务供给比较稳定的预期[3]。但是在引入政府购买服务机制之后，公共服务的供给从长期公共合同关系进入到了短期合同关系之中，或者说从纵向模式转入了横向模式。如此一来，内部的控制性手段就需要让位于外部相对独立平等主体之间的协商性治理。因为，横向模式不是基于权威，而是基于谈判形成的。一些关系的规则是由双方同意才能确定

---

[1] 菲利普·库珀. 合同制治理：公共管理者面临的挑战与机遇[M]. 上海：复旦大学出版社，2007: 51.

[2] 菲利普·库珀. 合同制治理：公共管理者面临的挑战与机遇[M]. 上海：复旦大学出版社，2007: 14.

[3] 简·莱恩. 新公共管理[M]. 北京：中国青年出版社，2004: 152.

的①。横向模式运作的基础是双方的相互承诺,在这种相互承诺中,双方至少在理论上是平等的②。

三、政府购买服务面临的挑战

政府购买服务其实是在对政府垄断性供给公共服务反思基础上做出的替代性设计。这种替代性设计是建立在一定的前提条件之上的。简而言之,就是用市场机制替代权力机制,用竞争替代垄断。这个前提的核心是公共服务竞争性市场机制的有效性。在做出替代性选择时,人们给出竞争性市场有效性的理由是一种理论推断。所谓购买服务的价值是建立在这种理论推断之上的。然而,问题是现实并不一定和理论推断相符合。同时,购买服务作为一种不同于传统服务供给模式的新机制,也会对政府的治理实践提出新的要求和挑战。这些都需要购买服务的政府充分考虑,做出良好应对。具体来看,政府购买服务面临的挑战主要表现在如下几个方面。

(一)服务市场不完备导致竞争不充分

竞争性地购买服务的前提是存在一个竞争性的市场。充分竞争的市场实质上是要存在大量可以开展自主决策的卖方和大量可以自主选择的买方。同时市场上的产品和服务都不是独一无二、不可替代的,也就说市场上的产品和服务具有较高的同质性和可替代性。这样一来,买方之间才会出现比较充分的竞争关系,卖方之间也才会出现比较充分的竞争关系。这是对充分竞争的市场的理想化描述。现实中,一般情况多少还会存在着垄断的问题。那么对于公共服务而言,充分竞争的市场更是比较稀缺的了。唐纳德·凯特尔总结了购买服务中供给方的缺陷和需求方

---

① 菲利普·库珀. 合同制治理:公共管理者面临的挑战与机遇 [M]. 上海:复旦大学出版社,2007:14.
② 菲利普·库珀. 合同制治理:公共管理者面临的挑战与机遇 [M]. 上海:复旦大学出版社,2007:52.

的缺陷。无论是哪一方出现了缺陷，购买服务的市场就会出现失灵的问题。

供给方的缺陷主要表现为：（1）并不存在一个政府购买服务的现成的竞争性市场。大量的私人物品有着比较充足的供给市场，但是对于相当一部分的公共产品或服务而言，根本就不存在相应的市场，尤其是对于一些仅仅是政府才会作为消费者的产品或者服务而言更是如此。例如航天飞机、核武器或者监狱等。（2）卖方之间的竞争性程度比较弱。由于一些产品或服务除了政府之外并没有大量的客户存在，因而这些产品或服务的供应商也比较少，那么它们彼此之间的竞争性程度就不会那么强。当政府出于保密性或者政治性考虑，不适合将某些产品或者服务开放给更多承包商时，那么就会出现垄断性供给的局面。（3）市场的外部性问题。政府购买服务的过程中，承包商在生产产品和服务的时候，也可能会带来购买预期之外的成本。这些成本会给政府带来额外的麻烦。

除了供给方的缺陷之外，唐纳德·凯特尔认为购买服务还面临着需求方的缺陷，这些缺陷主要表现在几个方面。（1）定义产品的难度。也就是说，有些时候政府在购买服务的时候对于要购买的内容缺乏详细准确的界定和描述。（2）产品信息的缺乏。在私人市场上，当买方仅有一个模糊的需求想法时，他们可以在市场上浏览相应的产品和服务而将自身的需求具体化。但是当政府不能将其需求具象化的时候，也难以像在私人物品市场上那样在公共服务市场上获得明确的产品或者服务信息。（3）多重代理导致价值目标错位。合同的激励机制驱使承包商不仅要迎合合同所设定的目标，还要迎合确定合同承包商是否完成目标的政府官员[①]。

---

① KETTL DF. Sharing power: Public governance and private markets[M]. Washington D.C.: The Brookings Institution, 1993, 24−27.

（二）信息不对称导致风险增多

购买服务其实是在政府部门和承包商之间形成了一种委托代理关系。相对于原来的内部生产关系而言，购买服务建立起委托代理关系之后，政府部门和承包商之间的信息不对称问题就更加凸显了。在内部生产的时候，政府可以通过内部的检查、监督、汇报、请示、领导视察及群众来信来访，缓解上层和一线服务人员的信息不对称问题，减少代理人偏离委托人设定的目标的情况。但是在购买服务之后，承包商并不是天天都在政府部门的视野中开展服务供给活动。对于服务供给过程而言，多数情况下政府部门是"不在场"的，因而对承包商的行为过程的信息是没有掌握的。此时，作为代理的承包商偏离委托人设定目标的可能性就会增大。对于那些产出目标清晰、产出结果指标清晰并且可以进行客观测量的购买服务项目而言，信息不对称导致的问题还不会那么突出。但是，随着二者间信息不对称问题越来越严重，那些产出目标不清晰、结果指标不清晰或者说根本就没有明确的面向对象开展的服务性活动而言，购买服务出现问题的风险就会陡然增大。

（三）需要付出高昂的购买成本

政府购买服务将内部生产转为外部购买之后，随之而来的就是将内部的监督管理成本转化成为外部购买的成本。购买成本是政府在购买服务的时候必须要负担的成本，具体体现在购买服务过程的每一个环节中。例如，政府要搜寻相关的服务承包商就需要花费搜寻成本；通过招投标筛选合适的承包商就需要付出招投标的成本；对购买服务项目的实际运行过程进行监督控制，就需要付出监督控制的成本；对购买服务项目实施结果的绩效进行评估鉴定，就需要付出绩效评价的成本；等等。

除此之外，政府购买服务还需要付出其他代价。例如，对外部承包商的依赖导致政府对一些关键活动控制能力的减弱；成本管理难度日益增加，尤其是在关系紧张的情况下；重新依靠自身力量开展活动所必需的胜任能力及对资源控制能力的丧失；对公民不断变化的需要进行回应的灵活性的降低等[①]。

---

① FARNETI F, YOUNG D. A Contingency Approach to Management Outsourcing Risk in Municipalities[J]. Public Management Review, 2008(1): 89−100.

第二章 政府购买服务：我们在做什么样的研究

第一节 引言

随着社会主义市场经济体制的建立，为适应市场经济发展的需要，中国政府职能开始进行转变。十四届三中全会提出"转变政府职能，建立健全宏观经济调控体系"，强调了政府转变职能的迫切性和必须性。因应于实践发展的需要，关于政府通过购买服务进行职能转移的研究也日益增多。萨拉蒙（2008）认为购买服务可以有效地激发社会活力，弥补政府失灵的不足，其被称为"第三方治理"。不同学科的学者从不同的学科视角和逻辑出发，探索研究中国政府购买服务的问题，相关的文献数量从20世纪90年代末开始一直呈增长趋势。2013年9月，《国务院办公厅关于政府向社会力量购买服务的指导意见》出台，明确要求在公共服务领域更多利用社会力量，加大政府购买服务力度。十八届三中全会提出了推进国家治理体系和治理能力现代化，明确提出加快事业单位分类改革，加大政府购买公共服务力度的要求。近年来，政府购买公共服务作为一项健全现代公共服务体系、构建服务型政府、创新社会管理和加强社会建设的重要手段，已经成为各级政府部门与学术界共同关注的焦点（彭少峰、张昱，2013）。随着改革的不断深化，研究成果日益丰富。在新的时代背景下，对相关文献进行梳理、总结和评估，有利于购买服务研究的知识积累，以便更好地指导政府购买服务实践。

基于此，我们需要了解政府购买服务研究的以下问题：（1）有哪些人在做研究？（2）研究者分别从哪些学科或领域进行该项研究？（3）研究者研究的主题有哪些？（4）研究处于什么样的阶段？采用的研究方法是什么？（5）这些研究对中国政府购买服务领域的理论及实践有何实际意义？（6）目前的研究存在什么样的问题？在此基础上，勾勒出国内学者研究的发展图景，对之前的文献进行知识梳理，为今后的政府购买服务积淀理论基础。

第二节　样本来源及指标设计

一、文献来源及选取方法

本文旨在评估1999年至2023年内地学者公开发表于国内（不含港、澳、台）期刊的，且以当前中国政府购买服务为主题的论文，会议论文、硕博士论文不在评估之内。基于中国学术期刊发表购买服务相关文献研究的现状，本次评估的样本主要来源于"中国知识资源库"（CNKI），文献选取的时间段为1999年至2023年，且按照篇名、主题、关键词为"购买服务"进行搜索，在数据处理过程中，剔除了非学术论文的笔谈、答问、书评、会议论文等，共获得样本463篇。

二、指标设计

基于评估需要,本次评估选用以下评价指标。

(一)论文发表年份

设计这一指标的目的是分析在不同阶段研究购买服务的文献的数量情况。

(二)作者单位[①]与学术地位

这两个指标主要是用来分析"有哪些人在做购买服务研究",以及研究者所处的单位和学术地位对其研究倾向有无影响。笔者将作者单位分为6个类别,分别是高等院校、政府部门、民间研究机构、党校系统(行政学院)、社科院系、其他(无注明);而学术地位划分为硕士及研究生以下、博士研究生、讲师、助教、副教授、教授、未标明(包括无学术身份)等层次。

(三)研究主题

通过对评估样本的分析并结合中国购买服务的实际情况,将研究主题划分为:购买服务的模式与方式、购买服务的实践与经验、购买服务的制度研究、购买服务的现状与对策、购买服务的影响与意义、购买服务的理论分析[②]、购买服务的监管过程、购买服务的质量和效率评估、购买服务的研究综述、具体领域的购买服务、购买服务与其他问题的关系[③]。其中,具体领域的购买服务细分为11个类别,分类如下:教育、公共卫生、基础设施、医疗保险、养老、高校后勤、计划生育、就业、慈善事业、税收、农村扶贫。这是一个较为烦琐的分类方式,并且很多论文很难精确地确定其具体领域,但是为了更好地进行政府购买服务研

---

① 对于合作文章,第一作者被当作主要作者,作者单位与学术地位采用此作者的资料。
② 指着重通过某个学科的视角,运用某种成熟的理论所进行的学理分析。
③ 指购买服务与其他社会体系、社会组织、社区等其他群体的关系。

究的主题分布研究，笔者尽量把相近相似的论文归为同一主题。

（四）研究类型

研究类型是关于政府购买服务的方法论问题。因为政府购买服务涉及政府职能转移、政策制定、资源分配、社会组织、医疗卫生、税收等方面，是典型的社会科学领域的问题。基于社会科学中实证主义的通用标准，本研究将研究类型划分为实证研究与非实证研究。

（五）所处研究阶段

借鉴学者杰伊·D.怀特（2005）、何艳玲（2007）及倪星（2011）进行文献评估时对研究阶段的分类，并根据中国政府购买服务研究的实际情况，本研究将所处研究阶段分为概念界定、问题描述和变量分析。

（六）基本规范

学术论文的规范是为了保证论文的质量及提供有价值的理论对话，使得其他学者得以进行知识的积累和理论的思考。通过对样本文献的评估发现，有1/3的文章甚至没有文献引用，不具备基本的学术规范。借鉴何艳玲（2007）、倪星（2011）等人研究政治学与行政学时所采用的分类，笔者将基本规范分为3类：（1）无文献引用无理论对话；（2）有文献引用无理论对话；（3）有理论对话。

（七）资料搜集方法

科学的资料搜集方法有助于保证学术论文的质量。通过借鉴何艳玲（2007）及倪星（2011）在进行行政学与政治学的研究中选取的资料搜集方法，并根据政府购买服务研究的实际情况，本文将这一指标分为实地访谈、问卷调查和非经验主义方法。

（八）统计方法运用

这一指标包括无统计运用、统计描述、单变量推论、双变量相关分析、双变量回归分析、多变量分析（包括因果分析、多因回归分析、多因方差分析、因子分析等）。

第二章 政府购买服务：我们在做什么样的研究

（九）资金来源

为检验制度性支持对政府购买服务研究的影响，本次评估设计了资金来源这一指标，具体层次如下：国家级社科基金[①]、省市级政府基金、校级基金、基金会等非营利组织、企事业单位横向项目、国家自然科学基金、无资金支持[②]。

第三节 样本分析

一、总体情况

（一）论文发表时间

本次论文评估的样本文献均来源于"中国知网"（CNKI）。图2-1是1999年至2023年政府购买服务研究文献发表的时间分布图。

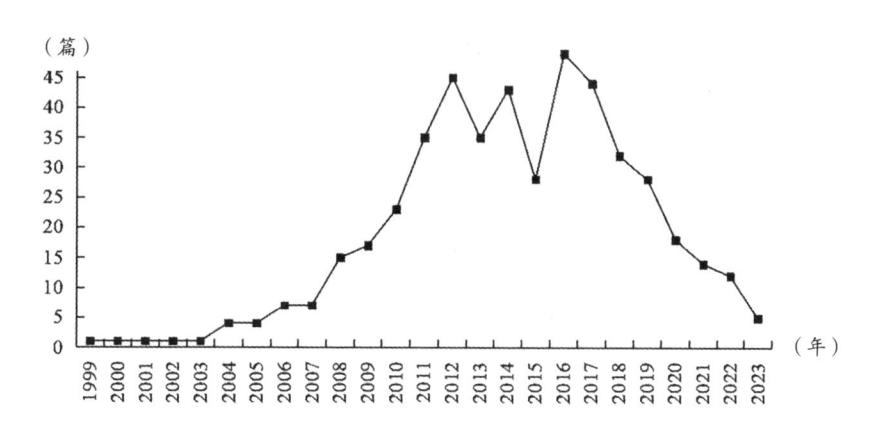

图 2-1 总样本中研究文献的时间分布

1993年，党的十四届三中全会通过的《中共中央关于建立社会主

[①] 主要指国家社科基金和教育部基金。
[②] 未标明资金来源的都看作无资金支持。

义市场经济体制若干问题的决定》，强调"转变政府职能，建立健全宏观经济调控体系"，因此，20世纪90年代末开始出现了对政府购买服务、政府职能转变的相关研究。图2-1显示，1999年至2007年，政府购买服务的研究处于萌芽状态，以政府购买服务为主题的文献很少；2007年至2012年，购买服务的相关研究呈明显的上升趋势，2012年相关研究为46篇；而2013年至2015年样本量存在波动，略少于2012年的样本量；2015至2016年再次呈明显上升趋势，2016年达到顶峰，为49篇。造成这种情况的原因可能是"十二五"时期，政府向社会力量购买服务工作在各地逐步推广，相关制度法规建设取得了明显进展，政府购买服务相关研究也因此明显增多。从总样本看来，政府购买服务的相关研究篇幅仍然比较少且近年来呈下降趋势。

（二）研究资助

如表2-1所示，根据现有研究的制度性资金支持情况，明确标明有资金支持的文献有218篇，占总样本的47.1%，而无基金支持或未标明的文献数量为245篇，占总样本的52.9%。这表明，中国政府购买服务的研究具备一定的制度性资金支持但力度仍然不足。在标明资金支持的样本文献中，国家级的资金支持力度高于省、市级政府资金支持力度，而省、市级政府资金支持力度又高于校级的资金支持力度。

表2-1 资金来源分布

资助情况分布	文献篇数	占总文献比例
国家级社科基金	125	27.0%
国家自然科学基金	12	2.6%
省、市级政府基金	60	13.0%
校级基金	13	2.8%
基金会等非营利组织	8	1.7%
无基金支持或无标明	245	52.9%
总数	463	100.0%

二、哪些人在做政府购买服务的研究

（一）作者单位

从作者单位来看（见表2-2），来自高等院校的文献有295篇，占总文献的63.7%，高等院校成为研究政府购买服务的主要阵地；来自政府部门的文献有64篇，占总文献的13.8%，因为政府购买服务关系到政府职能的转移，因此政府部门的工作人员也非常关注政府购买服务这个问题；来自党校系统（行政学院）的文献有27篇，占总文献的5.8%；来自民间研究机构的文献为21篇，占到总样本的4.5%；来自社科院系的文献占总文献的1.9%；其他或无注明的文献占总文献的10.2%。

表2-2 作者单位

单位分布	文献篇数	占总文献比例
高等院校	295	63.7%
政府部门	64	13.8%
党校系统（行政学院）	27	5.8%
民间研究机构	21	4.5%
社科院系	9	1.9%
其他（无注明）	47	10.3%
总数	463	100.0%

（二）研究者的学术地位

从研究者的学术地位来看（见表2-3），标明研究者学术地位的文献占到总数的60.5%，证明进行政府购买服务研究的人员的学术地位较高较明晰。其中，教授、副教授、讲师、博士研究生所占的比例比较平均，分别为12.1%、15.6%、10.2%、14.5%，这说明各个学术地位的学者都在进行政府购买服务这个主题的研究。另外，未标明或无学术身份的作者所占文献比例为39.5%，这表明了社会其他群体也都陆续对政府购买服务的研究做出贡献。

表 2-3 作者学术地位分布

作者学术地位	文献篇数	占总文献比例
硕士研究生及以下	36	7.78%
博士研究生	67	14.47%
讲师	47	10.15%
助教	2	0.43%
副教授	72	15.55%
教授	56	12.09%
未标明（无学术身份）	183	39.53%
总数	463	100.0%

（三）研究的学科门类

总样本中（图 2-2），在具有明确学科门类的 454 篇文献中，有 259 篇文献是来自行政管理学，占总文献的 55.9%；有 41 篇文献是来自社会学，占总文献的 8.9%；有 34 篇文献来自经济学，占总文献的 7.3%；医学、教育学、政治学、财政学的文献比例比较小。由此可见，行政管理学是政府购买服务研究的主要推动力，这是因为政府购买服务这一主题和政府行政有密切联系。而社会学、经济学、财政学、医学、教育学、政治学等其他学科的相关研究还比较少，有待进一步加强。

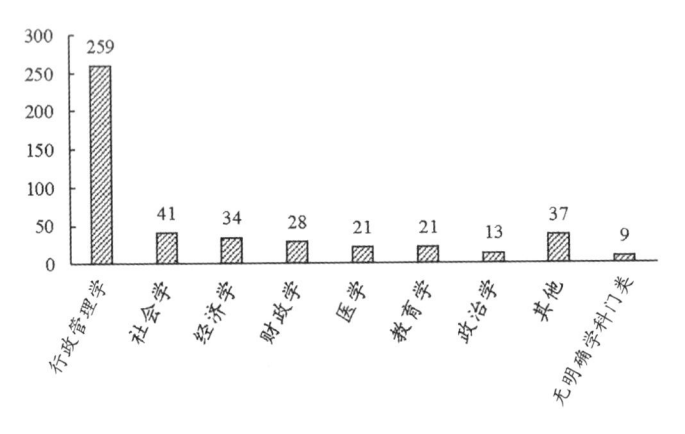

图 2-2 研究的学科门类

三、研究主题

从研究的主题来看（见表2-4），探讨购买服务的实践与经验及具体领域的购买服务的内容最多，合计有194篇，占总文献的41.9%；其次是购买服务的模式与方式、购买服务的制度研究、购买服务的现状及对策，分别为68篇、61篇、49篇，占总文献比例分别为14.7%、13.2%、10.6%；而购买服务与其他问题的关系、购买服务的影响与意义、购买服务的理论分析、购买服务的质量和效率评估、购买服务的监管过程等研究文献明显较少，合计占总文献的19.3%。

造成上述情况的原因可能有以下两种：一是购买服务相关研究起步较晚，所发表以及所选取的文献样本数量有限，购买服务相关研究主题较分散；二是购买服务涉及政府职能的转变和政府现实的行政活动，许多论文都是基于对某一现实案例进行研究，所以购买服务的实践经验、具体领域的购买服务这一主题的研究文献比较多。

表 2-4 细分类别

主题分类	文献篇数	占总文献比例
购买服务的实践与经验	117	25.29%
具体领域的购买服务	77	16.6%
购买服务的模式与方式	68	14.7%
购买服务的制度研究	61	13.2%
购买服务的现状及对策	49	10.6%
购买服务与其他问题的关系	30	6.5%
购买服务的影响与意义	22	4.8%
购买服务的理论分析	18	3.9%
购买服务的质量和效率评估	15	3.2%
购买服务的监管过程	4	0.9%
购买服务的研究综述	2	0.4%
合计	463	100.0%

另外，笔者将具体领域的购买服务这一主题根据样本分析情况细分为教育、公共卫生、基础设施、医疗保险、养老、高校后勤、计划生育、就业、慈善事业、税收、农村扶贫。教育领域的文献有22篇，占具体领域文献的28.6%；其次公共卫生有17篇，占具体领域文献的22.1%；基础设施有13篇，占16.9%；养老有6篇，占7.8%；其他具体领域的主题研究相对较少，合计占24.6%（见表2-5）。这间接地表明我国政府购买服务的领域分布状况，现有对政府购买服务具体领域的研究主要集中在教育、公共卫生、基础设施和养老方面。而按照十八届三中全会的决定要求，凡属事务性管理服务，原则上都要引入竞争机制，通过合同、委托等方式向社会购买（常晋、刘明慧，2016）。

表2-5 具体领域购买服务分类

领域分类	文献篇数	占具体领域文献比例
教育	22	28.5%
公共卫生	17	22.1%
基础设施	13	16.9%
养老	6	7.8%
医疗保险	4	5.2%
就业	4	5.2%
农村扶贫	4	5.2%
慈善事业	3	3.9%
高校后勤	2	2.6%
计划生育	1	1.3%
税收	1	1.3%
合计	77	100.0%

四、在做怎样的研究

（一）研究阶段

帕里与克里默的研究表明，他们的样本中的大部分论文都处于研究

第二章 政府购买服务：我们在做什么样的研究

的初始阶段，即未来的研究识别问题和变量。就研究阶段而言，当前政府购买服务的研究文献绝大部分都停留在问题描述阶段，在总样本中，有463篇文献是进行问题描述，占总文献的54.6%，而进行变量分析的文献仅有16篇，占总文献的3.5%。通过对样本文献的分析，笔者发现，处于"问题描述"阶段的文献，关于政府购买服务的相关理论及对策的阐述居多，但多数文章属于泛泛而谈，比较粗糙，没有对变量进行详细梳理并说明变量之间的关系，所以政府购买服务这一主题研究暂时还经不起"研究阶段"这个学术标准的衡量，亟需进一步加强。

同时，处于"变量分析"研究阶段的文献，大部分是基于某种特定视角或现实案例分析政府购买服务这一主题，文献的质量相对较高。

（二）研究类型

就文献的研究类型来看，实证经验研究有157篇文献，占总文献比例的58.4%；非经验研究有112篇，占总文献比例的41.6%。在许多社会科学领域的研究文献中，非经验研究会大于经验研究，失衡的现象比较普遍，但购买服务这一主题研究中实证经验文献总数相对较多，且实证经验研究与非经验研究没有出现较为严重的失衡现象，这与各地方政府推行购买服务政策，从而有现实案例作为研究对象有关。

（三）资料收集方法与统计方法层次

在资料收集方法与统计方法层次方面，购买服务这一主题研究出现了比例失衡现象，总文献中有186篇文章运用非经验主义方法，占总文献的69.1%，有49篇文献通过实地访谈进行资料收集，有34篇文章是通过问卷调查获取研究资料。但其他调研方法如实验法、受控田野法等都没有被使用到购买服务研究中。通过研究发现，大多数有制度性资金支持的文章都有通过调研获取一手资料进行研究，这表明制度性资金支持是提升研究质量的有效条件。

虽然有30.9%的文章有通过调研获取资料，但通过非经验主义方法进行研究的文章占大多数，这可能与购买服务的研究进程以及所具有的特殊性有很大的关系。因为购买服务这个主题是自20世纪90年代末才开始在各个学科研究中出现，研究历程比较短，所采用的调研方法比较少，并且购买服务通常是需要对他人进行访问或者进行实地的调查才能获得可靠有用的第一手数据，实验法在这个主题中所起到的作用不是很大。

在统计结果运用方面，仅有45篇文章进行了统计描述，占总文献比例的16.7%；而大部分论文无统计运用，占样本比例的83.3%。没有论文进行双变量分析、多变量分析等统计方法。这也说明在该领域中，大样本统计分析等大规模的实证分析欠缺。

五、研究的规范性如何

在所有的样本文献中，"无文献引用又无理论对话"的论文有128篇，占总文献的27.6%；"有文献引用无理论对话"的论文有210篇，占总文献的45.4%；"有理论对话"的论文有125篇，占总文献的27.0%。通过这些数据可以看出，当前对购买服务研究中的规范程度不太高。

图2-3显示的是以5年为单位，从1999年至2023年的25年间，"有文献引用"的论文分布占当期总论文比重。如图所示，"有文献引用"的购买服务研究文献在研究初期所占比重较大，在2004年至2008年间的研究中比重有所下降，但在2009年至2013年大幅增长，在2014年至2018年继续大幅增长，并在2019年至2023年呈现出极强的增长形势，比重接近100.0%。

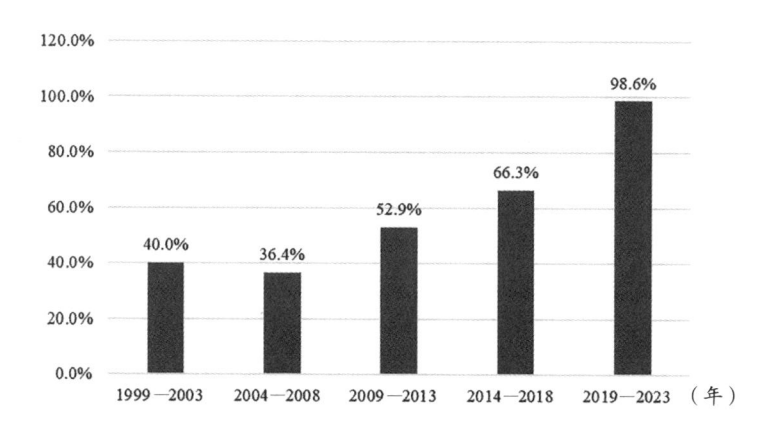

第二章 政府购买服务：我们在做什么样的研究

图 2-3 "有文献引用"的论文占当期论文比重

图 2-4 显示的是近 25 年来"有理论对话"的论文占当期论文的比重，在 1999 年至 2003 年间，由于处于该主题研究的初期，没有论文是基于理论对话的形式进行研究的；此后的 5 年"有理论对话"的购买服务文献所占比重依然很小；2009 年至 2013 年，随着研究的数量和质量的提升，"有理论对话"文献呈现出较强的增长形势；2014 年至 2018 年比重依然有所上升，但幅度不大；直至 2019 年至 2023 年，"有理论对话"文献呈现出前所未有的增长形势，比重超过一半。

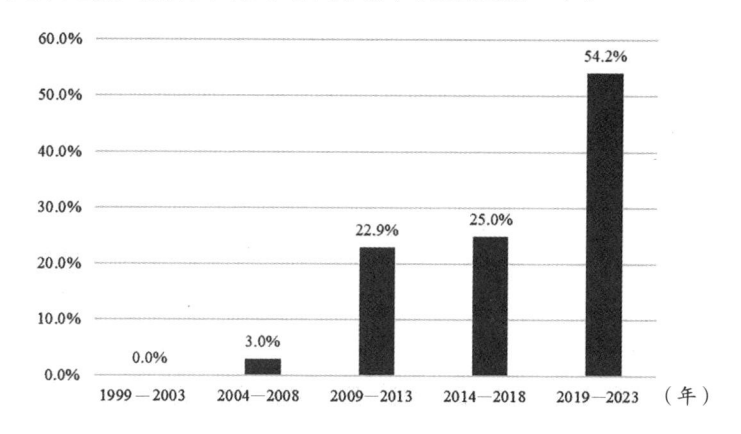

图 2-4 "有理论对话"的文献占当期文献比重

第四节 总结及讨论

根据对购买服务所选取的样本文献的分析和统计,我们了解了目前中国政府购买服务研究的整体情况。在此基础上,对政府购买服务研究做以下总结并对其现状及存在问题进行了初步探讨。

一、制度性资金支持力度不足

在总样本文献中,有约52.9%的文献没有或者未标明资金来源。因为收集一手资料需要花费大量的人力、物力、财力,缺乏制度性资金支持,导致大多数文献基于二手资料或者引用官方数据、新闻报道等途径进行政府购买服务研究,仅有少数的文章是收集一手资料并对所取得的资料进行统计描述。所做研究不能取得有价值的一手数据,这对研究的质量造成极大影响。因此,未来国家级和省部级的基金项目应当加大对该研究主题的支持力度。

二、研究的学科门类范围相对狭小,不同学科的研究比例失衡

政府购买服务是基于行政管理学、经济学、社会学、教育学、财政学等多个学科的跨学科研究主题,根据现有样本分析得出,因为政府购买服务研究起步晚,所涉及的范围是有限的,所以目前对政府购买服务研究的学科门类比较少,且各学科集中从自身角度出发对该问题进行描述,而没有与其他学科进行交叉讨论和研究,这就造成了学科审视问题的视角比较单一;同时,由于政府购买服务与政府政策及政府行政有直接关系,其独特性引起政府购买服务的研究主要集中于行政管理学,不同学科之间的研究呈现比例严重失衡现象。因而,未来的支持项目应当鼓励跨学科团队申报。

三、总体研究质量不高,缺乏规范的理论指导

目前中国政府购买服务研究多集中在问题描述阶段,虽然有半数文

章是根据现实案例进行的实例研究,但在半数的非经验研究中,文章的规范性极为欠缺。大多数文章是根据购买服务相关理论进行的比较浅显的描述,并没有将问题上升到理论层面。理论和实际严重脱轨,这样的研究对政府行政实践以及解决社会问题没有指导作用。

大部分文章没有"理论对话",仅有少量的文章是基于各学科整合视角,通过调研取得一手资料进行统计描述后,进行有理论对话,符合研究的规范性标准。缺乏规范性标准导致该主题的研究长期处于初级阶段,研究方法陈旧,且以孤立的视角静止地、传统地看待问题,对该主题的研究发展造成严重的制约,阻碍了该主题的知识积累和对实践的指导意义。

第五节　结束语

随着政府政策的出台以及政府实践活动的增加,对政府购买服务的研究与日俱增,成果日渐丰硕。外国学者罗伯特·毕什(1971)认为随着时间、环境及个人经历的变化,以及需求满足后效用的递减和社会的技术与知识进步等,人们对服务的偏好处于动态的变化之中,这就进一步扩大了对政府购买服务研究的需求。但通过此次的文献评估笔者发现,关于政府购买服务的研究多是宏观的、表面的、缺少规范性的。为了促进这一主题的知识积累,为后来的学者提供宝贵的文献资料,以及使其真正在生活中指导实践,解决现实问题,我们关于政府购买服务研究亟需进一步加强。

对于政府购买服务而言,我们不仅需要在实证经验中获取宝贵的指导实践的方法,更要在理论高度上建立符合学术规范要求、促进学科发展的思想结晶；还需要加大制度性资金支持力度，满足日益增长的研究，同时更需要整合各学科的研究视角和研究成果。

政府购买服务对于促进国家治理体系和治理能力的现代化有着不可否认的重大意义。因此，社会科学领域的学者们有义务、有责任将这一主题的研究规范化、实践化。

第三章　政府购买服务决策

购买服务决策是政府购买服务过程管理的关键性环节。决策决定了购买服务的范围以及购买服务的生产安排，会直接对购买服务的过程和绩效产生影响。本章将对这部分内容进行探讨和分析。

第一节　政府购买服务决策基本理论

政府购买服务决策是政府在面临供给公共服务和社会服务的任务时做出选择的过程。从公共政策理论的角度来讲，政府购买服务决策只是政府活动的一个具体类型，受到一般性决策逻辑的左右。政府购买服务决策是政策制定活动在购买服务这一领域的具体执行和体现。因此，政府购买服务决策服从公共政策决策理论的一般性规律。

一、政府购买服务决策的内涵

政府购买服务决策是指政府部门就要不要购买服务、购买什么样的服务、购买多少服务以及向谁购买服务等方面的内容做出选择的过程。具体讲,购买服务决策要回答"是否购买""如何购买""购买数量""向谁购买"等核心问题,以明确政府购买服务的内容、方式、规模、对象等关键要素[①]。政府购买服务决策属于公共政策的范畴之一,因而也具有公共决策的一般性特征。

二、政府购买服务决策的特征

（一）政府购买服务决策是由一个或一系列选择环节构成的

从购买服务的内涵来看,如果政府部门选择了不购买服务,仅仅是一个决策过程,那么购买服务决策过程就结束了,不会有后面的系列决策环节发生。但是,如果政府部门选择了购买服务,那么接下来就会发生一系列的决策选择过程,而不仅仅是一个决策过程。系列的决策选择过程构成了一个链条,前面的决策选择环节会对后面的决策选择环节产生显著的影响。政府部门如果做出了购买服务的决策,接下来才会需要做出购买多少什么样的服务的选择,在选择了购买服务的内容之后,才能知道向谁来购买服务。如果选择了购买养老服务,这样的内容就决定了购买对象的性质。

（二）政府购买服务决策具有一定的主观能动性

决策意味着选择,选择就要反映政府部门的价值偏好,因此具有一定的主观能动性。这种能动性可能是政府部门的主动作为,也可能是受到了社会公众诉求的影响,还可能是社会问题倒逼的结果。无论是哪种因素驱动的结果,从理想的角度而言,政府部门购买的服务本身就是对社会公众需求的满足。服务需要符合公众的要求,那么购买服务的决策也就要服从需求满足的要求。当然,作为主观能动性的,政府部门做出的购买服务决策也可能是偏离社会公众需求的,而是按照部门或者部门

---

① 吉鹏,许开轶. 大数据驱动下政府购买公共服务精准化:运行机理、现实困境与实现路径 [J]. 当代世界与社会主义,2020(3): 183-190.

领导的意愿做出的。有些地方或者部门的领导具有较强的市场意识，那么就有可能会更加倾向于购买服务，相反则可能会更加倾向于内部生产。

（三）政府购买服务决策要受到一定条件的制约

购买服务决策虽然具有主观能动性，但受到一定条件的制约是人类行为的普遍性情形，购买服务的决策行为也是如此。政府部门购买服务决策行为要么受到财政预算的制约，要么受到辖区承接服务生产单位数量的制约，要么受到上级政府制定的购买服务制度规则的制约。例如，中国财政部出台《政府购买服务管理办法》及建立专项管理制度体系。云南省财政厅则于2022年11月出台了《关于进一步加强和规范政府购买服务工作的通知》，通过指导性目录和"负面清单"管理的方式明确政府购买服务的范围。这些都构成了政府购买服务决策的制度性制约因素。因此，购买服务决策是主观能动性和客观条件相互作用的结果。

（四）政府购买服务决策具有部门和地方差异性

由于主观能动性和客观条件在部门或者地方之间存在着显著差异，因而政府部门购买服务的决策也就呈现出显著的差异性。部门和部门之间、地方和地方之间在购买服务的选择行为方面不尽一致。例如，有的地方政府财政资金充裕，就可能会更多地向社会力量购买服务；有的地方政府财政资金不充裕，就可能较少地向社会力量购买服务。部门间购买服务决策行为的差异则可能是部门职能导致的。从理论上讲，承担公共服务职责多的政府部门在决策中可能会做出更多的购买行为。例如，2021年，财政部推进政府购买服务改革取得明显成效。全国政府购买服务支出达到4970亿元，其中公共服务支出3479亿元，占比70%[①]。但地方差异性还是比较显著的，例如2021年，重庆市全年预算政府购买服务项目8815个，预算金额79.41亿元，实际执行71.30亿元；安徽

---

① 吴宇宁. 2021年全国政府购买服务支出达4970亿元[N]. 中国财经报，2022-03-17.

省全省预算安排政府购买服务资金 167.3 亿元，较 2020 年 147.6 亿元增加 19.7 亿元，增长 13.4%[①]。

三、政府购买服务决策的内容

购买服务决策是做出选择的过程，这些选择直接决定了购买服务的行为能否发生、在哪些领域发生以及如何发生等方面的内容。因此购买服务决策是购买服务过程管理的关键性环节。购买服务决策是对一系列关系到购买服务实践的问题做出回答的过程。这些问题包括机构（以及国家）如何做出签订合同的决定，如何评估购买申请，如何确定合同内容，谁管理合同，以及谁评估最终产品。综合理论研究、制度规则、政策文件及现实中的操作实践，购买服务决策的内容包括如下几个方面。

（一）做出购买服务范围的决策

政府购买服务首先要确定的是购买的内容。确定购买内容的过程就是政府部门选择哪些事务、产品或服务要向外部的社会力量购买，哪些事务、产品或服务要自己生产。做出购买什么的决策直接决定了购买服务的范围、规模和政府的职能。从理论上讲，极端的情况是政府部门将所有的产品、服务和事务都交给外部的社会力量去操作；或者政府部门不向社会力量购买任何服务，所有的产品、服务和事务都由内部来生产。

然而，正如上文所述，政府购买服务决策并不是完全自主的，而是要受到客观自然条件、制度结构的制约。政府购买服务内容的决策只能在有限的空间中做出。文献表明，政府机构的合同决策是一个受环境因素影响的组织过程。环境因素分为两组，一组与经济理性有关，另一组

---

① 徐玉明. 2021 年安徽省政府购买服务工作取新进展 [EB/OL]. [2022-01-27]. https://anhui.caigou2003.com/web/news/20220601/584385213526704129.html.

与政治理性有关[①]。政府机构的特征,如其管理,直接决定了合同决策是由该机构的政治环境和经济环境决定的。服务的性质或特征也会影响签订合同的决策[②]。具体来看,影响政府购买服务内容、范围的决策必须要考虑如下几个方面的因素。

1. 政府的核心职能。不能向社会力量购买政府机构的核心职能,因为这些核心职能是政府机构存在的根本性依据,如果这些职能都需要向社会力量购买,那么政府机构就失去了存在的必要。一般而言,政治活动、外交活动、军事活动、司法活动、对购买服务合同的管理等职能都是政府机构必须要亲自履行的,因而不能够随便向社会力量购买。同时,一些会严重影响到个体自由、生命、健康、财产权等方面的活动也不能够随便向社会力量购买。例如,古德塞尔根据美国国家性质和功能定位提出了指导政府购买服务内容决策的六条规范性原则:购买服务不得有碍于各机构使命执行的指挥过程;对个人的长期监禁应由国家官员管理;公共场所的武装执法应由具有较强职责意识的军官执行;现役战区的军事活动应由部队执行,而不能向社会力量购买;政府必须持续性做好介入灾害后合同的准备;威胁公民自由或权利的政府活动不应承包出去[③]。这些内容无疑为政府购买服务决策划出了底线。上述六个方面的内容都应当属于政府核心职能的范畴,这些职能只能由政府机构亲自来执行,否则就有背离或者危害政府的宗旨与使命的可能。这些底线之外的内容从理论上讲应该是可以纳入到政府购买服务的范围之内的。

[①] BOZEMAN B, BRETSCHNEIDER S. Public Management Information Systems: Theory and Prescription[J]. Special issue Public Administration Review, 1986, 46: 475−87.

[②] NI Y A, BRETSCHNEIDER S. The Decision to Contract out: A Study of Contracting for E-Government Services in State Governments[J]. Public Administration Review, 2007, 67(3): 531−544.

[③] GOODSELL CT. Six Normative Principles for the Contracting-Out Debate[J]. Administration & Society, 2007, 38(6): 669−688.

在这种情形下，政府部门需要就购买内容做出的决策比较简单，即要考虑和判断这种产品或服务是否属于政府的核心职能。如果是属于政府的核心职能，那么就不能纳入政府部门购买服务的范畴；如果不属于政府的核心职能，则可以考虑纳入政府部门购买服务的范畴。至于最终是否真正地向社会力量购买此类服务，则要进一步考虑经济性因素及其他相关因素。

2. 经济性的因素。经济因素对购买服务决策的影响，主要是从成本收益的角度或者交易成本的角度思考购买服务的内容。一方面是向社会力量购买服务可以实现从政府垄断走向多种社会力量的竞争，从而实现效率的提升和成本的节约。另一方面，相较于政府机构生产而言，由社会力量进行竞争性生产具有比较优势，其服务内容都应该是符合经济性的要求的。因此，政府部门在进行购买服务的决策时也要进行成本收益的分析。

就经济性因素而言，在面对要供给的一个服务项目或者产品时，政府部门至少要有三个备选方案，再在这些备选方案中选择。第一个备选方案是政府部门内部生产该产品或服务；第二个备选方案是政府部门将该产品或服务全部外包给社会力量生产；第三个备选方案是政府部门内部生产该产品或服务的一部分内容，向社会力量购买一部分内容。政府部门的决策需要对这三种方案的成本和收益情况进行计算和估计。计算清楚每一种方案的成本和收益情况，并将它们进行排序，从中选择成本小，收益大的方案。

3. 管理的因素。即使是某种产品或服务不是政府的核心职能，从经济上考虑向社会力量购买也具有成本收益的比较优势，但是如果该产品或服务自身的一些特性不合适，则会导致购买计划难以执行，或者执行后难以对其绩效进行判断。在这种情况下，政府部门也有可能不会将其列入购买服务的范围之内。也就是说，购买服务在管理方面要有效率。

第三章 政府购买服务决策

例如，阿米尔哈尼扬列出了五组政府部门购买服务时要考虑的产品或服务的情境属性，具体包括：能否实现规模经济效益，承接服务项目的社会力量之间是否存在竞争性关系，服务的结果是否容易界定和测量，社会公众对即将购买的服务是否存在持续性的需求[①]。

政府对购买服务的管理办法在一定程度上限制了购买服务决策的作用范围。在实践中，政府多数会考虑上述因素的综合作用，着眼于现实管理的需要，出台相关办法确定政府购买服务的范围，因而购买什么的决策大体上是在确定的范围中进行选择，具有一定的稳定性。本书第一章中表1-3基本上列出了美国地方政府购买服务的大体范围。从国内的情况来看，政府在做出关于购买服务内容的决策时，除了受到上述因素的影响，还会直接受到政府管理办法和政府制定的购买服务目录的限制。例如，财政部2020年1月3日出台的《政府购买服务管理办法》明确规定了以下事项不得纳入政府购买服务范围：不属于政府职责范围的服务事项；应当由政府直接履职的事项；政府采购法律、行政法规规定的货物和工程，以及将工程和服务打包的项目；融资行为；购买主体的人员招、聘用，以劳务派遣方式用工，以及设置公益性岗位等事项；法律、行政法规以及国务院规定的其他不得作为政府购买服务内容的事项。为进一步规范和推进政府购买服务工作，财政部2020年12月22日又制定了《中央本级政府购买服务指导性目录》，其中，一级目录将政府购买服务限制在公共服务和政府履职辅助性服务两大方面，二级目录又将政府购买服务的内容细分到了14个方面，三级目录则将政府购买服务的内容细化到了121个方面。除了中央政府之外，省级、市级和

---

① AMIRKHANYAN A A, KIM H J, LAMBRIGHT K T. Putting the Pieces Together: A Comprehensive Framework for Understanding the Decision to Contract Out and Contractor Performance. [J] International Journal of Public Administration, 2007, 30(6-7): 699-725.

县级政府财政部门都出台了本级政府的购买服务目录。

（二）做出要不要购买的决策

在考虑政治性因素、经济性因素和产品或服务的情境属性之后，从理论上讲，某个政府部门就可以向社会力量购买该项产品或服务了。但是从现实的观察来看，有些政府部门在某一年度可能不购买任何服务，有些政府部门则购买了较多的服务。这说明购买服务决策实践还是复杂的，除了上述因素，还会受本单位、本部门管理因素的影响。例如，一些学者对现实情境中政府部门是否做出购买服务的选择进行了实证分析后发现，组织情境、管理策略和环境与策略之间的互动都直接影响了购买服务的决策，并且认为交易成本、政治视角的分析可能夸大了政府部门的自由裁量权，没有认识到购买决策其实是受制于政府部门与其环境的互动关系[①]。因此，即使政治上可行，经济上划算，产品或服务的情境因素乐观，政府部门也不一定会选择向社会力量购买服务。从现实实践的角度来看，某个政府部门会不会做出购买的决策，还是要受到一系列因素的影响。例如，一个重要的因素是政府是否有相应的财政预算作为保障。一项产品或服务即使上述所有的条件都具备了，但是政府部门财政预算资源紧缺，拿不出钱来实施购买行为，那么该项产品或服务还是得不到购买。

（三）做出向谁购买的决策

如果说某项公共产品或服务在政治方面可行，在经济方面具有成本收益的比较优势，在管理方面也具有效率，接下来要做出的决策就是选择购买的对象，也就是确定向哪家社会力量购买服务。这一过程是将购买服务的目标落实下来的关键性环节，也是形成购买服务项目委托－代理关系或者说契约合同关系的关键性环节。

---

① RHO E, KIM S, HAN S. Taking context and strategy seriously: the contracting out decision in the U. S. public education.[J] Public Management Review, 2020, 1-25.

做出向谁购买的决策过程其实就是在服务项目的目标要求和潜在的生产者之间进行动态匹配和选择的过程。这一决策过程也是在相应的制度结构下做出的，对于承接主体资格的选择会受到相关管理办法和政策的约束。这些办法和政策会对承接政府购买服务项目的社会力量提出具体的规定性要求。例如，美国明尼苏达州政府对政府部门筛选合同承接者的决策提出了三项基本原则：制定客观的标准，以评估潜在的承接者能满足政府部门需求的程度；为国家挑选最物有所值者；确保不存在员工或组织的利益冲突。《北京市承接政府购买服务社会组织资质管理办法（试行）》提出了社会组织承接政府购买服务应当具备的基本条件以及在公平竞争、同等条件下可优先承接的社会组织应当具备的条件。

除了主体资格之外，政府部门在向谁购买的决策过程中重点考虑的是潜在生产者对要承接的服务项目的设计，购买服务的政府部门会将管理办法、政策精神和服务项目的定位细化为一系列的指标体系。在做出向谁购买服务的决策过程中，购买服务的政府部门将这些指标与服务项目承接者的条件进行比对，从中筛选出最优的承接者。由于有些政府部门只是根据购买服务的目录设定要购买的方向，没有详细设定购买服务项目的具体内容，因而承接购买服务项目的单位具有较大的自由裁量空间。在这种情况下，购买服务的政府部门就会将需求调查纳入到指标体系。例如，会考查承接单位设计的项目服务的广泛性、针对性、受益群体的明确性、项目的可操作性、创新性、项目团队能力、专业性及项目经费预算合理性等方面的内容。

第二节 政府购买服务决策的模型

当前研究购买服务决策问题的成果还比较少,多数成果注重解释为什么会做出购买服务的决策,但是对于怎样做出购买服务决策的解释还比较少。购买的决策过程和为什么要做出购买的决策是同等重要的事情[1]。政府购买服务决策是政府决策行为中的一种,都可以用公共政策的决策理论模型来分析。

一、购买服务决策的理论基础

为了解释政府的决策行为,公共政策理论中先后涌现出了理性模型(Rationalist Model)、有限理性模型(Model of Bounded Rationality)、渐进决策模型(Incrementalist Model)、综合扫描模型(Mixed-Scanning Model)、垃圾桶模型(the Garbage Can Model)及多源流分析模型(Multiple-Streams Theory)等。在这些模型中,理性程度是区分不同决策模型的重要维度之一。理性决策模型认为决策者是理性的经济人,他们会通过成本收益分析优化自身行为的结果。该模型认为决策一般遵循六个步骤:决策者面临一个可以与其他问题区分开,或者至少与其他问题相比被认为是有意义的特定问题;直到决策者的目标、价值观或目的明确,并且按照其重要性排序;准备了一套应对问题的可供选择的政策;每一项选择可能造成的后果(成本和收益、优势和劣势)都进行了研究,每一项选择及其相伴随的后果都可以计算出来并且与其他选择进行比较;决策者做出的,是能使自己的目标、价值或者目的最大化的选择[2]。韦默和瓦伊宁将理性决策模型概括为七个基本步

---

[1] KOLPAKOV A, ANGUELOV L G. Decision-making approaches to contracting out[J]. Journal of Strategic Contracting and Negotiation, 2020, 4(3): 148-166.

[2] JOSEPH S. Public Policy: An Evolutionary Approach[M]. Boston: Cengage Learning, 2007. p80.

骤，如理解问题、选择并解释相关的目标和限制、选择解决方法、选择评价标准、说明备选政策、评价、推荐行动[①]。而尤金·巴达克在《政策分析八步法》中进一步将其拓展为八个步骤：定义问题、收集资料、建构选项、选择标准、预测结果、权衡得失、做出决定和总结陈述[②]。

理性决策模型提出来后受到了人们的批评，其根源在于学者对人类理性程度的认知存在着较大分歧。相信人类理性的学者支持理性决策模型，怀疑人类理性能力的学者则反对理性决策模型。与此相对应，林德布洛姆提出了与理性决策模型相对立的渐进决策模型。渐进决策模型和理性决策模型之间的差别具体如表3-1所示。

表3-1 渐进决策模型和理性决策模型之间的差别

理性决策模型	渐进决策模型
第一步：界定问题	第一步：界定问题
第二步：建构问题	第二步：结合解决办法建构问题
第三步：确定对于问题解决而言重要的决策标准	第三步：结合要提出的方案设定决策标准
第四步：为前述标准赋予权重	第四步：忽略重要的结果、备选方案和决策标准，只考虑有限的备选方案
第五步：提出解决问题的可能方案	第五步：选择小幅偏离现状的备选方案
第六步：根据标准对每个方案排序	第六步：重复上述1~5步，修正之前的决策以避免重犯同样的错误
第七步：计算最优决策	

资料来源：Kolpakov, A., Anguelov L. G. Decision-making approaches to contracting out[J]. Journal of Strategic Contracting and Negotiation, 2020, 4(3): pp.148-166.

[①] 李文钊. 政策过程的决策途径：理论基础、演进过程与未来展望[J]. 甘肃行政学院学报, 2017(6): 46-67.

[②] BARDCH E. A Practical Guide for Policy Analysis: the Eightfold Path to More Effective Problem Solving[M]. Washington D.C.: CQ Press. 2009.

对于政府部门购买服务而言，决策的理性程度当然也是区分不同决策类型的维度之一。同时，政府部门决策对购买服务控制的严格程度也可以构成区分不同决策类型的重要维度。理性程度的判断主要是依据购买服务决策过程与理性决策模型七个步骤的符合度。购买服务决策过程采用的步骤越多，则越符合理性决策模型的要求，因而越是理性程度较高的购买决策。当然，与购买服务决策理性程度相关的是决策对购买服务规范的详细程度。一般情况下，决策的理性化程度越高，那么对决策内容的规定就会越详细。决策的详略程度主要是指政府购买服务决策过程中对于购买服务项目规定的详细程度。如果政府购买决策做出的规定越详细，则购买决策的确定性就越高，服务项目承接者的自由裁量空间就越小；反之，则越大。

从这两个维度的交叉分析来看，政府购买服务决策的理性程度和控制详细程度的不同组合方式形成了不同的决策模型，我们能够从中推断出四类购买服务决策模式，分别是购买服务的理性决策、购买服务的渐进决策、购买服务的目录式决策和购买服务的凭单式购买决策。具体如表3-2所示。

表3-2 政府购买服务决策模型

决策特征		理性程度	
		高	低
详略程度	详细	理性购买决策	凭单式购买决策
	简略	目录式购买决策	渐进购买决策

资料来源：作者自制。

二、购买服务的理性决策

购买服务的理性决策是理性决策模型在购买服务领域的具体化。理性购买服务决策意味着政府部门购买服务的选择是建立在比较、计算和预测的基础之上的。政府购买服务如果能够按照这七个标准进行决策，就形成了购买服务的理性决策模型。该模型对于问题、备选方案、决策标准等方面内容有很强的确定性。例如，**Kolpakov A.** 和 **Anguelov L. G.** 通过对政府部门负责购买服务官员的访谈发现，要购买服务的"硬"项目，购买决策过程多数遵循了理性决策模式的要求。这一过程始于政府官员们询问该职能是否是其使命的核心。理性购买决策的流程包括：对解决问题很重要的决策标准（步骤3），赋予之前确定标准以权重（步骤4），生成可以成功解决问题的备选方案（步骤5），根据效率、公平性和合法性等标准对备选方案进行评级并计算出最佳决策（步骤6和7）[1]。

购买服务的理性决策适应于"硬"项目的属性要求。这些"硬"项目的规定性比较强。"硬"项目一般有清晰明确的产出目标和标准，例如，街道的清扫服务是可以提出具体明确的绩效指标或者说控制清扫行为的指标和标准的。这些目标和标准甚至可以精确到用数量化的方式进行测量。因此，这一类项目适合采用理性决策模式进行购买决策。在决策的过程中可以对后续的操作环节和结果提出详细的规范性要求。购买决策的结果是合同文件，在合同文件中规定绩效衡量标准。政治被排除在外，合同是书面的文件，其中详细说明了设定的目标类型[2]。因而，这一类购买服务决策的理性程度高且对购买服务项目规范的详细化程度要求高。通过理性决策模型购买的服务项目，基本上产出容易测量，通常被归类为"硬"服务的类别。Aleksey Kolpakov 等人总结了购买服务理性决策适用的条件：要购买的服务项目是明确界定并得到很好建构

---

[1] KOLPAKOV A. ANGUELOV L G. Decision-making approaches to contracting out. Journal of Strategic Contracting and Negotiation, [J]. 2020, 4(3): 148-166.

[2] CARSTEN G. Contracts as reinvented institutions in the public sector: a cross-cultural comparison[M]. Washington D.C.: Praeger Publishers, 2005, p17.

的；这些服务容易测量并且不存在目标模糊的情况；这些服务供给的环境是基本稳定的；就要做出购买决策的服务而言，存在着多个不同的潜在承接者，并且他们彼此之间是一种竞争性的关系，在决策过程中无论这种竞争是理论上的，还是实际存在的[①]。

三、购买服务的渐进决策

购买服务的渐进决策是渐进决策模型在购买服务领域的具体化体现。渐进决策的理性程度不够高，主要体现为在购买服务的决策过程中，很少或者几乎没有采取理性决策模型中七个步骤中的任何一个步骤。购买服务的渐进决策对社会公众的需求调查、购买项目的目标设定及预期绩效的指标体系等不会提出很高的确定性要求。购买服务的渐进决策将问题的界定和方案的设计融入到项目的执行过程中。在有了一个大体的方向之后，双方力量进入到购买服务的操作过程中后，再不断地厘清问题和购买目标，甚至在项目的执行过程中还会调整购买服务项目要实现的目标。在这些情况下，外包并不是从问题定义或问题表述开始的，更确切地说是从一个解决方案开始的：渴望建立伙伴关系或者是扶持社会组织发展[②]。尤其是对中国而言，很多人主张将购买服务作为扶持社会组织发展的政策工具来使用。对于购买服务的这一定位而言，购买决策其实不是从界定要解决的社会公众面临的公共服务问题开始的，而是从扶持社会组织发展这一解决问题的办法开始的。购买服务的渐进决策理性程度不够高，对购买服务项目目标、指标和预期结果及执行过程的规范性程度也比较低。

---

① Kolpakov A., Anguelov L. G. (2020). Decision-making approaches to contracting out. Journal of Strategic Contracting and Negotiation, vol. 4 iss. 3 pp. 148–166.

② Kolpakov A., Anguelov L. G. (2020). Decision-making approaches to contracting out. Journal of Strategic Contracting and Negotiation, vol. 4 iss. 3 pp. 148–166.

第三章 政府购买服务决策

购买服务的渐进决策适应于"软"项目的属性要求。"软"性的服务类项目基本上是面向人开展的互动性服务活动。这一类项目一般只有过程，预期结果并不是确定不变的，即使有结果也难以用量化的方式测量其质量或者数量。对于"软"项目而言，购买服务的政府部门领导可能并不知道他们到底想要什么，或者他们很难提前考虑到所有可能的突发事件。在这种情况下就难以预知购买服务各个阶段、环节中将会发生的事情。如此一来，政府购买服务决策的结果就比较难以事先在合同中完全确定下来，这就形成不完全合约的购买模式。

购买服务的渐进决策其实就是服务项目的卖方和买方之间的谈判协调过程。Dehoog 称之为"协商模式"。在这个模式中，合同是在买卖双方之间密切谈判协商的过程中形成的。谈判的过程以宣布合同的可得性开始，但是通常不会全方位地征求所有可能的承接者。那些签约的承接者通常仅限于之前的合作者，或者可能是已经明确表达有兴趣获得合同的公司[1]。购买服务决策的渐进性在服务项目的承接者是唯一的情况下体现得更加明显。因为在这种情形下，要想购买服务，除了通过谈判协商实现双方的合作之外，政府部门没有别的选择。当未来的事件、资金、技术或者成功的服务方法存在不确定性和复杂性的时候，合作就是必须的[2]。

购买服务的渐进决策多数情况下出现于社会服务、针对流浪汉的服务、动物保护服务、社区青年服务等服务项目的购买过程中。这些服务的内容、解决方案及效果取决于服务者和被服务者的互动过程。因而，这一类项目的确定性不是很强。例如，针对流浪汉的服务取决于是否存

---

[1] DEHOOG, HOOGLAN R. Competition, Negotiation and Cooperation: Three Models for Service Contracting.[J] Administration and Society, 1990, 22(3): 317-340.
[2] WILLIAMSON O E. Markets and Hierarchies: Analysis and Antitrust Implications[M]. New York: Free Press, 1975.

在流浪汉，能否找到流浪汉，以及各个流浪汉的状况和需求等。有些流浪汉可能面临的是生理问题，有的流浪汉可能面临的是心理问题。这些因素都是在项目实施之前难以确定的。在这种情况下，签合同的时候，并不能完全明确项目的产出。在购买一些需要进行技术创新、服务创新或者内容高度专业化的项目时，多数情况下也会采取渐进性的购买决策。因为这些创新过程和结果具有高度的不确定性，因而购买服务项目的内容和结果也难以按照事前设定的方式推进，许多方面的内容不能实现合同化运作，即使写入了合同也只能是不完全合同。购买这些类型的服务项目多数需要通过谈判协商推进，对于政府部门而言，在和服务项目的承接者进行谈判协商时，需要投入足够的时间、具备谈判技能的专业人员及一般性的组织支持[①]。购买服务的渐进决策过程中也可能在合同中设定了相关绩效目标，但是由于未来的一些新情况、新变化导致实现绩效目标的条件发生了变化，因而这些绩效目标和指标在项目执行过程中还可能发生变化，买卖双方协商后可能对绩效目标做出修正。

购买服务的"硬性""软性"之分很少受到国内学者的关注。这一主题却是国外合同外包相关研究者一直关注的核心问题。赫伯特·西蒙曾经对二者做了对比分析，他认为"软"合同更多是建立在"面对面谈判协商"和持续关系的基础上，"硬"合同作为竞争性的模式则依赖于正式的合同征询(Soliciting)、授予(Awarding)和管理(Administering)[②]。根据国外研究成果的相关内容，"硬性""软性"购买决策的对比情况具体参见表3-3所示。

---

① GREVE C. Contracts as Reinvented Institutions in the Public Sector[M]. New York: Praeger Pressing, 2005, p19.
② GREVE C. Contracts as Reinvented Institutions in the Public Sector[M]. New York: Praeger Pressing, 2005, p19.

表 3-3 "硬性""软性"购买决策的对比分析

	硬/经典和新古典模型	软/关系型
目标	确保一个明确的目的	确保明确的价值
合同文件	详细且篇幅长	宽泛且篇幅短
时间	短期	长期
关系	对抗(Adversary)	互利(Mutuality)
控制	对清晰界定绩效指标的严格监控	基于对话形成的共同目标进行较为宽松的监控
处罚	明确清晰界定罚则	相较于严密规制，罚则不太清晰且多为规范性的
政治的角色	一旦合同签订，政治就被排除在过程之外	政治一直存在于合同存续过程
风险	风险从委托方转移到代理方	双方风险共担

资料来源：GREVE C. Contracts as Reinvented Institutions in the Public Sector[M]. New York: Praeger Pressing, 2005; DOMBERGER S. The Contracting Organization[M]. Oxford: Oxford University Press, 1998.

第三节　购买服务决策的中国化表现形式

从理论上讲，政府购买服务决策可以分为理性购买决策和渐进购买决策。从上一节关于政购买服务决策类型的分析中，我们知道政府购买服务决策的分类除了理性维度之外，还有一个重要的维度就是在购买决策过程中对服务项目理性规范的详细程度。虽然同样都是理性决策模式，但是本土规范详细程度不同，就形成了富有本土特色的购买服务决策模式，分别是购买服务的目录式决策和购买服务的项目式决策。

一、购买服务的目录式决策

购买服务的目录式决策，顾名思义，就是政府部门在购买服务时仅仅给出了目录清单等条目，而没有设定具体的项目任务和服务绩效指标。这种决策模式是比较简单的做法。具体的购买服务项目则交给了作为购买服务项目承接者的社会力量进行设计。因此，一般人会将购买服务的目录式决策理解为渐进决策模式。其实购买服务的目录式决策属于理性程度较高的决策模式，这种购买服务的决策仍然具有程度较高的理性、在决策过程中仍然遵循了理性决策的环节和步骤。虽然政府部门并没有提出清晰的购买服务目标和指标，但是一般情况下政府部门会要求申报承接购买服务项目的社会力量在申报书中明确绩效指标，同时要论证购买服务项目需求的真实性以及进行该项目的必要性。

作为承接购买服务项目的社会力量在进行项目申报的过程中，彼此之间会出现比较强的竞争关系。为了对这些申报者进行筛选，购买服务的政府部门往往会组织专家对申报者设计的项目进行量化测评，从设定的指标体系的角度对每一个项目进行打分，在打分的基础上进行排序，在排序的基础进行选择。这一个系列的购买决策过程典型地遵循了理性决策模式的要求。

相对而言，目录式购买决策虽然保持了较高的理性程度，但是对服务项目并没有进行全方位和全流程的控制，购买服务决策对服务项目规范的详细程度不高。申报承接项目的社会组织等社会力量拥有较大的自由发挥空间，它们可以根据自身对社会公众需求的了解，将购买服务目录内容具体化地设计为一个项目，按照购买服务的政府部门给出的申报书模板和要求，将项目的内容具体化、指标化。例如，北京市某区社会建设工作办公室 2019 年发布的政府购买社会组织服务的通知，基本上采取的就是目录式购买决策的方式。通知只是提出了项目的方向和大体类别。具体见专栏 3-1 所示。

> **专栏 3-1：北京市某区社会建设工作办公室 2019 年发布的政府购买社会组织服务的通知**
>
> 以满足区社会需求、解决区社会问题为重点，支持项目方向为六类：扶老助老服务类、关爱青少年儿童服务类、扶残助残服务类、促进居民融合服务类、专业社会工作服务类以及其他社会治理服务类，项目将进行分类评审及批复。
>
> （一）扶老助老服务。以满足老年人养老服务需求、提升老年人生活质量为目标。主要包括：独居、失独和空巢老人的结对关爱、心理关怀；老年人的健康干预和健康促进；老年人的维权和文化活动；为老年人提供助餐、助洁、助浴、助行、助医、助急等日间照料和居家养老服务；其他满足老年人的实际需要和提升生活质量的服务。
>
> ……

二、购买服务的项目式决策

相对于目录式决策而言，购买服务的项目式决策的理性程度和规范化的详细程度都是很高的。

购买服务项目式决策的理性程度很高。所谓的项目式购买决策就是以具体的项目而不是目录作为购买的主要内容。相对于目录式购买决策而言，项目式购买决策对于理性决策的环节步骤的要求更高。目录式的购买决策还要经过项目设计才能得到彻底的落实。因此，项目式购买决策相对于目录式购买决策而言理性程度更高一些，因为它们要将目录式购买决策的一些比较宽泛的内容落实为可以操作的项目指标。

项目式决策规范的详细程度很高。由于项目式决策着眼于落实和执行，政府部门对项目的操控更加彻底。政府部门一般情况下会对项目的目标、产出指标、服务人群、执行地点甚至项目执行的时间进度等方面的内容做出详细的规定。在这类购买决策中，通常会将活动次数、服务人数和服务频率等数量化指标设定为绩效目标，向服务项目的潜在承接者提出来。例如，宁波市购买的"民间路长管城事"服务明确项目周期为8个月，明确对项目提出了具体的数量化的要求。详见专栏3-2所示。

专栏3-2：宁波市综合行政执法局关于征询社会组织承接政府购买服务项目意向的公告

组建至少20支"民间路长"志愿服务队伍，实现服务区域城市道路全覆盖；

完善编写项目服务指南1份各服务队举办1场岗前专题培训和服务能力测试；

举办1场"民间路长"聘任出征仪式、1场"民间路长"技能大比武，并开展年度服务之星、优秀队伍评比；

服务期内，开展集中拉练服务至少6场次。

各队伍服务频率不少于每周1次，总服务人次不少于2000人次；项目在市级及以上新闻媒体报道不少于10篇次。

发现并上报"宁波智慧城管平台"的城市管理领域有效案件问题不少于3000件，编写案件问题上报操作指南1份，对达标案件进行评比奖励；捡拾烟蒂不少于20万枚，并形成奖励兑换机制。

资料来源：https://www.nbzfcg.cn/cat/cat20/con_20_2007.html.

第四章 政府购买服务过程管理的理论分析

第一节 引言

公共管理民营化时代，政府已经开始更深入广泛地依赖庞大而复杂的非政府机构，受政府购买公共服务过程管理能力的限制，产生了一些问题。如何成为"精明的购买者"是政府面临的现实挑战，也是理论研究的焦点。本研究的核心目标是找出政府公共服务职能向社会组织转移的流程管理方式和方法，为广义范围的公共服务购买过程管理提供经验支持和政策设计。

在当前我国政府治理转型的大背景下，研究政府购买服务过程管理具有重要的理论和现实意义。首先，有助于澄清当前我国社会关于公共服务改革的认识误区，稳固我国公共服务改革的未来走向。深入研究我国政府购买服务的过程管理，有助于理清政府购买服务改革误区的根源。其次，购买服务过程管理方法和技术的设计是破解购买服务困境的一条现实性出路。购买服务面临着效率和公共性难以兼顾的两难困境，传统的做法是注重政府规制和绩效评估，但忽视了过程管理和控制。再次，有助于界定清楚政府与市场、社会组织之间的权责关系。政府购买服务是不是将责任转嫁给市场和社会组织？购买服务转移的是生产环节、提供环节、管理环节，还是所有的环节？深入研究我国政府购买服务的过程管理，有助于理清购买服务过程的内容及各方的权责利益关系。最后，有助于理清购买服务向政府治理提出的挑战，探讨在购买服务时代政府治理模式的转型。在购买服务时代，政府治理面临的环境、对象和事项、职能范围、重点职责、政府治理的面向、政府治理的侧重点，以及政府治理的方式和方法等与计划经济时期有什么不同？对购买服务过程管理的研究，有助于我们回答这些问题。

第四、五两章的基本思路按照理论研究、典型案例和政策建议三个层面展开。其中理论研究从公共服务产业流程环节的角度以及公共服务供给治理结构的角度，总结出政府购买服务过程管理的阶段、内容、参与者和功能，为案例研究提供一个分析框架。案例研究主要是选取比较具有典型意义的 B 市作为个案，通过对 B 市政府购买服务项目的实施过程的事实研究，分析其在过程管理中的成功经验和存在的问题。政策建议则是建立在理论研究和实证研究的基础之上，根据理论研究提出的分析框架，在案例经验和教训总结的基础上，提出提升我国政府购买服务过程管理能力的政策选择。

第二节　政府购买服务面临的挑战和难题

我国很多城市正在如火如荼地进行着公共服务改革，并且在实践中出现了各种各样的购买服务模式。我国政府购买服务最早于 1994 年在深圳罗湖区的环境卫生领域中被引入。1996年，上海市浦东新区社会发展局开始向民办非企业单位"罗山会馆"购买服务，开创了我国政府购买社会组织服务的先例。之后，上海市卢湾区、南京市鼓楼区、宁波市海曙区等地方都先后推动了政府购买服务项目。各地在探索中创造出了各具特色的政府购买服务的地方模式。2005年，无锡市财政部门起草了《关于政府购买公共服务的指导意见（试行）》，对包括市政设施养护、污水处理、路灯设施维护、环卫保洁、水资源监测、旅游宣传广告、社会办养老机构、锡剧地方剧种展演等11个项目进行购买服务，创造了"无锡模式"。2009年，广东省佛山市越秀区通过"搭建一个平台、打造一个基地、创建一种机制"创新政府购买服务机制，培育民间社团，创建了政府购买服务的"越秀模式"。2009年，河南省结合中国农村卫生发展项目（世界卫生组织XI项目）探索形成的"政府购买基本公共卫生服务"的做法，被世界卫生组织官员誉为基本公共卫生服务均等化的"河南模式"。

然而，不可否认的是政府购买服务的同时也面临着一些挑战和难题。当很多地方都在轰轰烈烈地推出政府购买服务，大力扶持社会组织服务民生的时候，不少政府向社会组织购买服务却绩效不彰。2006年以来，湖北以"咸安经验"为底本，在全省推行乡镇事业单位"以钱养事"[①]改革。从实践经验来看，湖北省"以钱养事"乡镇综合改革的实际运转效果不尽如人意，引来了人们的争议。2002年至2003年，杭州市余杭区对乡、镇、街道卫生院进行股份制改革，将原由政府和集体开办的29所卫生院全部拍卖，共拍得7500万元。2010年7月杭州市余杭区政府宣布，

[①] "以钱养事"其实就是一种政府购买服务。2006年乡镇综合配套改革在全省推开，10多万乡镇事业单位职工很快转换身份成为"民办非企业组织"的从业人员，且由各上级主管部门核发"公益性岗位资格证"。这些"民办非企业组织"成为政府为农民购买服务的供给方，政府不再"以钱养人"。

当地原有的29家民营股份制卫生院除一家转型为民营医疗机构外，其余28家卫生院全部由政府财政斥资3亿元收回。

其实政府购买服务面临的困境不仅仅是舆论上的争议和怀疑，还有一些制度性的问题需要认真思考和对待，因为这些决定了购买服务时代政府的治理能力。透过现象认识本质，超越观念争论进行系统的理性思考，人们发现政府购买服务的确面临着需要认真研究的难题和挑战。王浦劬教授经过研究之后发现，尽管政府购买服务取得了长足的进步，但是在具体购买的过程中，仍然存在购买行为内部化、购买标准不清晰等问题[①]。具体的难题可以归结为三点：（1）内部购买是指作为买家的社会组织与政府之间存在着利益关系，或者买家就是某些政府部门下属的社会组织，这就导致寻租或者腐败的问题发生，最终可能是通过购买的形式，通过服务民生的名义，将公共财政转移出去。（2）出现"需要的没有购买，购买的用不上"的问题。服务购买过程中，买方和卖方唱主角，作为终端消费者的社会公众在购买过程中基本缺席，导致服务购买难以让群众得到实惠。"今年送戏下乡，明年送宽带入户这样的购买服务比较随意，事先也没有征求过意见，一些送上门的服务项目群众并不急需，而群众困难的事情却没有服务。"[②]（3）"服务质量"不受监督，甚至是没有服务只有收费。有些地方政府购买服务一买了之，不对社会组织的服务效果和质量进行认真监督，或者说缺乏相应的监督和鉴别能力，导致钱花了，群众得不到实惠。

在购买服务时代[③]，政府的治理模式和职能重点迥异，因此购买服

---

① 王浦劬，莱斯特.M.萨拉蒙.政府向社会组织购买公共服务研究：中国与全球经验分析[M].北京：北京大学出版社，2010：27.
② 蔡达峰.政府购买服务应尊重公民选择权[N].文汇报，2011-3-14.
③ 购买服务时代指的是政府通过合同购买的方式利用大量的社会组织等第三方力量生产公共服务的时期。美国的NGO研究专家莱斯特·M.萨拉蒙将这种依靠第三方来实施政府服务功能的政府服务模式称为"第三方管理"。

务不仅要求社会组织提升自身的服务能力，还要求政府进行治理模式的转换，提升自身的购买能力和过程管理能力。从购买服务的角度来看，政府购买服务面临的核心问题是如何提升政府对购买服务过程的管理能力，以便使得转移出去的职能依然属于公共职能，依然服务于社会公众的公共需求，而不是服务某个或者某些群体的利益。

同时，在通过购买服务追求效率和回应性的过程中，避免购买之后公共服务的公共性丧失的问题。在政府大量依赖市场组织和社会组织生产公共服务的时代，政府的治理面临着与计划经济时期完全不同的环境、对象和事项。在计划经济时期，公共服务的提供和生产环节多数都在政府的职能范围之内，政府的重点职责是组织公共服务的生产，政府的管理和生产能力直接决定了公共服务的绩效；而在购买服务时期，政府的重要职责是组织公共服务的提供而不是生产，政府负责掌舵而不是划桨，因此政府对购买服务过程的管理能力直接决定了公共服务的绩效。在计划经济时期，政府治理是内向的，就是注重政府内部的人、财、物和事务的管理，注重内部的组织和制度建设；而在职能转移时期，政府治理的外向性特点更显著，要注重外部的人、财、物和事务的管理，注重外部的组织网络与契约的建设和管理。政府向社会组织购买服务的过程管理研究，有助于我们系统而清晰地认识购买公共服务对政府治理提出的挑战，也有助于研究购买服务时期政府治理模式的转型。

第三节　政府购买服务过程管理的理论视角

政府如何对购买服务的过程进行管理？政府对购买服务过程进行管理的实践是什么样的？这既需要我们展开相关的理论研究，从理论上理清公共服务供给（delivery）的完整过程和环节，理解公共服务供给的治理结构，理清其中涉及的利益相关者以及它们之间的权利义务关系；也需要我们着眼于实践，从实践中总结出成功的典型案例，用事实和实践做法生动完整地展现政府对购买公共服务过程的现实做法。购买服务过程的理论研究和实践研究密不可分，因为没有理论的指导，实践将是凌乱的；没有实践的支持，理论则是苍白的。本部分作为理论研究，主要是找出"政府购买公共服务过程管理"的理论基础，从理论上明确购买公共服务的阶段、流程和内容，突出在购买公共服务实施过程中公共权力、公众需求及市场和社会组织的互动关系。

所谓的政府向社会组织购买公共服务(Purchase of Service Contracting，POSC)，是指政府将原来直接生产的公共服务事项，通过直接拨款或公开招标方式，交给有资质的社会服务机构来完成，最后根据择定者或者中标者所提供的公共服务的数量和质量来支付费用[①]。具有非排他性和非竞争性的公共服务如何组织供给，是公共管理学研究的焦点内容。传统的公共行政理论阶段，公共服务是政府的作用领域，因此主张政府来实施公共服务的组织供给，公共部门处于公共产品或者服务供给的绝对主导地位，负责公共产品或者服务的决策、资金筹集（主要通过税收）、生产安排，以及公共产品或者服务的具体供给过程。公共部门通过其组织即官僚体系并遵循一套与官僚体系相应的制度、规则和程序来完成公共产品或者公共服务的供给。作为消费者的市民则处于消极等待的地位，他们从根本上讲不参与公共产品或者服务的供给过程，只是通过一定的渠道表达他们对公共产品或公共服务的需求、评价而间接地向负责公共产品或服务供给的部门施加影响。

其实公共服务的供给过程并非一个连续不断的过程，这个过程大体上可以划分为两个阶段——提供和生产。所谓的提供是指一系列的集体

---

① 王浦劬，莱斯特·M. 萨拉蒙. 政府向社会组织购买公共服务研究：中国与全球经验分析[M]. 北京：北京大学出版社，2010：3.

选择行为的总称，就下属事项做出决定：需要提供什么样的产品和服务、产品和服务的数量和质量标准、需要筹措的收入数和如何筹措、如何约束与规范公共产品和服务消费中的个人行为、如何安排产品或服务的生产。公共服务的生产则是指如何将一系列的输入资源转化为产品和服务的技术过程。公共服务的供给是提供和生产两个阶段的总称。公共服务的提供和生产的区分，开辟了重新界定公共服务经济中经济职能的最大可能性，公众保持着对与服务供应绩效标准相关的方面的控制，而服务的生产方面允许在生产那些服务的结构之间开展最大限度的竞争[①]。正如我们前面所讲，公共服务的供给并非只能由单一的主体负责到底，提供者和生产者可以是同一的，也可以是不同的。例如，国防服务由中央政府统一决策并进行管理，其生产的过程也是由政府进行组织的；而诸如公共交通的决策、管理和生产是分离的，由市政管理单位对公共交通进行决策、管理，而具体的生产可以由公交公司、私人公司等进行生产。

公共服务的民营化和政府购买服务等政策的提出，正是基于公共服务的供给过程中提供环节和生产环节可以划分开来这一特性。其实，政府购买公共服务的过程就是政府通过购买的方式将公共服务的生产环节交给社会组织承担，但是提供环节还控制在政府手中。因此，政府通过向社会组织购买而供给公共服务的过程，可以划分为提供阶段和生产阶段。同时还包括将提供阶段和生产阶段连接起来的购买阶段。根据提供阶段和生产阶段的具体内容，我们又可以将每一个大阶段划分出若干环节。

政府公共服务职能向社会组织转移，是将相关的公共服务生产活动转移给相关的社会组织，而不是将政府的公共服务责任转嫁给社会组织。也就是说，政府公共服务职能向社会组织转移的是公共服务的生

---

① OSTROM V. The Meaning of American Federalism [M]. Oakland: ICS Press, 1991, 163–197.

产环节，而不是提供环节，更不是管理环节。在我国的公共服务社会化改革的过程中，很多人认为社会化就是将某项公共服务的所有组织环节全部转移给社会组织，在这种观念指导下的公共服务的社会化改革实践导致了政府公共服务责任的缺失。其实，政府公共服务职能向社会组织转移并不意味着政府不承担任何公共服务职责，而是将公共服务的具体生产环节社会化，由相关的社会组织具体负责实施。那么，政府公共服务职能向社会组织转移该如何推进？政府在向社会组织转移公共服务职能的过程中需要承担什么样的职责？需要进行哪些管理活动？这些都是需要研究的。实际上，政府需要应付的对象更多了，而不是更少了；政府需要处理的关系更复杂了，而不是更简单了；对政府的管理能力的要求更高了，而不是更低了。因为，政府需要负责公共服务的融资、相关生产者挑选、服务绩效评估、价格监管了解社会公众对服务的需求和偏好，以及处理公共服务社会化过程中出现的纠纷和冲突。

政府向社会组织购买服务不仅改变了公共服务供给的过程，而且改变了公共服务供给的治理结构，形成了一种属于互动治理（Interactive Governance）的模式。这种模式强调的是政府、社会组织、社会公众等利益相关者之间的有效互动和合作。互动治理意味着五个方面的变化，一是信息：政府部门告诉利益相关者有关政府的政策和决定。二是咨询：集中利益相关者的利益和偏好进入决策过程。三是建议：利益相关者就政策规划给出建议。四是合作生产：邀请利益相关者参与政策设计过程。五是共同决策：涉及正式或者非正式的制度安排，把利益相关者放在决策者的位置。政府向社会组织购买服务，改变了由社会公众提出要求并由公务员供给服务的模式。相反地，这些服务是源于消费者和政府、行政人员以及社会组织之间的复杂关系，这些复杂关系协调着服务的需求和供给。政府向社会组织购买服务引发的多元互动，促成了公共服务供给由线性的模式转向了网络式的互动治理模式，具体如图4-1所示。

第四章　政府购买服务过程管理的理论分析

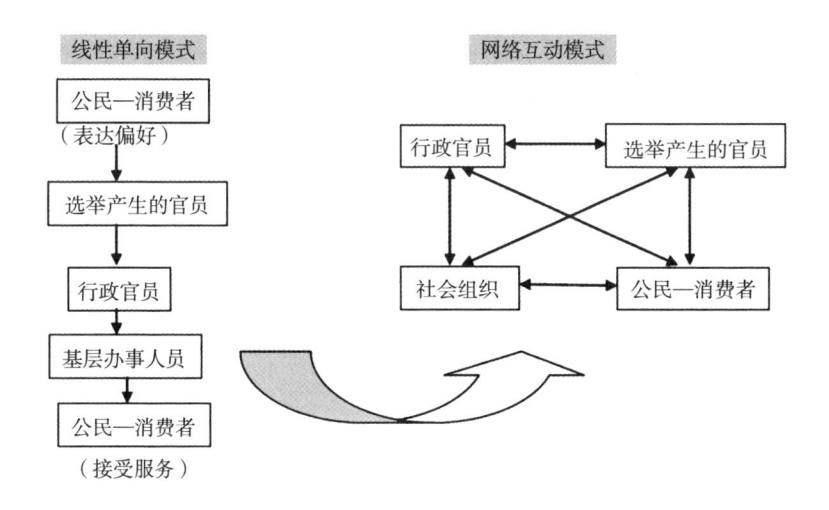

图 4-1　公共服务供给的线性单向模式向网络互动模式的转换

资料来源：文森特·奥斯特罗姆，罗伯特·比什，埃莉诺·奥斯特罗姆.美国地方政府[M].北京：北京大学出版社，2004:107.

在网络互动治理模式中，社会组织替代了基层办事人员，他们负责向公民生产公共服务。同时，行动者之间也产生了网络式的互动关系，选举产生的官员、行政官员、社会组织以及社会公众等之间都可以就购买服务的事项发生互动关系。具体到政府购买服务的过程中来，这种网络互动治理模式主要体现在政府购买公共服务过程的每一个环节都有各个利益相关者的参与。

从政府向社会公众购买公共服务的流程分析以及治理结构分析的结论来看，我们可以从这两个角度进行交叉分析，来理解政府购买公共服务过程管理的阶段、内容、参与者和功能，具体如表4-1所示。

表 4-1　政府向社会组织购买服务过程的阶段、内容、参与者和功能

阶段	需求分析	决策安排	招投标	项目实施	绩效评估	后期管理
内容	社会公众表达对公共服务的偏好和需求；政府通过民主机制听取公众的意见，为决定购买哪些服务，不购买哪些服务，收集民意信息	政府根据财政预算的允许情况，通过政策决定如何融资、决定购买服务的数量和质量标准，并确定通过何种形式和程序购买服务	政府向适合组织发布购买服务的公告信息，发布购买服务的目录和资助的方式。社会组织撰写项目申请书，投标申请相关项目的购买。同时政府组织相关专家和公众代表评审购买申请书，做出购买决定并和相关的社会组织签订购买合同	社会组织为社会公众生产相关的产品和相关服务的活动。同时，能有合同内的调整和动态管理	根据决策安排阶段以及购买合同书规定的内容对服务活动或者产品的绩效进行评估	购买服务活动完成之后，根据相应的绩效评估结果，对相关的社会组织进行正向或者负向的激励。建立相关社会组织的项目绩效数据库，将这一数据库的记录与其未来获取项目的概率挂钩
参与者	政府部门、社会公众	政府部门	政府部门、社会公众、专家、新闻媒体	社会组织和公众、政府部门	政府部门、社会公众和专家	政府部门和专家
功能	确保购买的服务是社会公众需要的和用得着的	确保购买服务的资金到位，购买活动顺利开展	挑选到合适的卖家，并确保能够公开廉洁地开展购买活动	实现产品和服务的有效生产与消费	判别社会组织承担的服务活动效果	激发社会组织参与服务民生活动的积极性

资料来源：笔者自制。

第四章 政府购买服务过程管理的理论分析

政府购买服务的过程是一个多方利益主体进行复杂互动的过程，表4-1提出的阶段划分、内容分析和参与者分析只是提供了一个抽象的、一般性的框架。为了对这一框架进行实践性的说明和应用检验，接下来的部分我们将转向在政府购买公共服务领域颇具影响的 B 市，进行专门的案例研究。

第五章　B市政府购买服务过程管理的实践探索

第一节　B市政府购买服务过程管理的实践起源

B市政府购买服务的过程以组织社会组织参加服务民生活动为契机，通过实践探索基本形成了比较系统的制度，对购买服务的过程实施了比较好的管理。B市对购买服务的管理，以科学合理的流程设计为基础，以系统的制度建设为保障，以良好的治理结构促进利益相关者的参与，以独立的第三方参与保障公正，以网上购买和运行提升效率，引导公众网络参与促进互动，通过组团购买引导社会组织合作，通过信用管理系统促进后期管理，以前置评估提升购买者资质，通过引导式购买激活社会资源。

在众多城市积极探索政府向社会组织购买服务的背景下，向社会组织购买服务也提上了B市政府部门的议事日程。2006年B市HD区就推出了购买公共服务的规范性文件《B市HD区人民政府〈关于政府购买公共服务指导意见（试行）>》，并在卫生、文化等部门进行政府购买公共服务活动试点。

2009年11月3日，B市副市长丁向阳在民政部部长李学举到京调研社会组织学习实践活动的座谈会上指出，"要转变政府职能，政府财政每年必须留出预算，通过购买服务的方式鼓励社会服务组织成长"。B市的《2010年B市政府工作报告》中指出，"加强社会工作人才队伍建设，培育扶持专业社工机构，开展购买社会工作岗位试点，继续做好商务楼宇社会工作站建设"。2010年初，《B市2010年在直接关系群众生活方面拟办的重要实事》提出购买300项社会组织公益服务项目。2010年B市民政局发布了《关于开展社会组织服务民生行动的通知》，市民政局决定在关系民生的十个方面，组织全市社会组织开展2010年"社会组织服务民生行动"，社会组织服务民生行动主要发动社会团体、民办非企业单位和基金会、社区社会组织，围绕与人民群众生活密切相关的领域开展活动，着力于为群众排忧解困，办实事，解难事，做好事。服务民生活动主要涉及十个与社会公众生活密切相关的领域，具体如表5-1所示。

表5-1　B市政府向社会组织购买公共服务的类别和内容

（一）扶贫救助。为低收入家庭、贫困人群及灾区群众提供生活救助，为其改善生存状况提供资金或物资支持
（二）扶老助残。为老年人、残疾人提供包括生活照料、家政服务、医疗救护、文化娱乐、精神慰藉在内的服务，为有特殊需要的老年人、残疾人提供个性化服务和物质保障
（三）医疗卫生。资助低收入家庭大病重病患者就医，开展公众卫生健康知识普及、送医送药活动，帮助困难群众解决看病难等问题
（四）文体科普。资助、扶持、推动公益文化、科学知识普及和体育事业的发展，为居民提供文化休闲、科学教育、体育健身等服务

续表 5-1

（五）妇幼保护。维护妇女儿童的合法权益，开展相关帮扶活动，救助困难儿童生活、学习，帮助儿童少年安全、健康成长
（六）服务三农。支持新农村建设，提高农业产业化、专业化水平，提高农民生活质量，开展相关帮扶、资助活动
（七）法律援助。为低收入城乡居民、外来务工人员等提供免费法律咨询、诉讼代理等法律援助服务
（八）支教助学。对低收入家庭学生、外来务工人员子女在京就读所需费用提供支持，资助因病、因困等原因辍学的学生重返校园
（九）生态环境。开展动植物保护、植树造林、美化环境、污染治理、低碳排放、环保宣传等活动
（十）促进就业。针对大学生、外来务工人员、下岗失业人员等人群开展劳动技能培训、创业知识培训及其他有助于就业和创业的活动

资料来源：B 市民政局发布的《关于开展社会组织服务民生行动的通知》。

2010 年 3 月 2 日，B 市在 DC 区举办面向社会组织的政府购买服务信息发布会，这种通过信息发布会招标，公开面向社会招纳公共服务运营商的方式，在 B 市尚属首例。在 2010 年 DC 区政府购买服务信息发布会上，老年饭桌、社区心理健康服务、下岗就业培训等 15 类共计 18 项公共服务项目面向社会组织发布。2010 年市区两级财政将通过社会建设专项资金拨款 1 亿元，购买 300 项社会组织公益服务项目，根据项目的不同情况，给予每个项目 3 万至 30 万元不等的资金支持。2010 年 7 月 12 日，B 市在 BJ 会议中心召开了"政府购买社会组织公益服务项目推介展示暨资源配置大会"，来自全市的社会组织和各级领导、社会建设领域专家、区县民政局、社会企业和个人等近千人参会，推介展示社会组织公益项目，举办社会组织发展 4 个系列论坛，将社会组织内部资源与政府、社会资源进行配置。大会当天，共有 40 个社会组织签约了 35 个项目，签约资金为 714 万元；158 个项目达成合作意向，涉及资金为 819.33 万元[①]。2011 年 3 月 16 日，B 市 2011 年政府购买社会组织服务项目指南发布，2011 年市政府首次细化了购买社会公共服务项目，所购买的 300 个公共服务项目围绕社会基本公共服务、社会公益服务、社区便民服务、社会管理服务以及社会建设决策研究信息咨询服务 5 方面、40 个类别。

B 市社会组织发展较快也为政府向社会组织购买服务提供了基础。截至 2011 年 8 月 31 日，全市共登记社会组织 7413 个，包括三大类：社会团体 3289 个，民办非企业单位 3949 个，基金会 175 个。备案的组织 9506 个。据我们统计，全市的社会组织总资产达到 300 亿元，工作人员达到 12.56 万人，社会组织活跃在首都各个领域，基本形成了布局完善、门类齐全、层次丰富、覆盖广泛的社会组织体系[②]。

第二节　B 市政府购买服务过程管理的特点

B 市政府购买服务的活动和推动社会组织服务民生、扶持社会组织发展以及对社会组织的评估管理等活动密切联系在一起，但是这一过程的中心还是突出地体现了政社合作治理时代 B 市政府购买服务过程管理的特点。

---

① B 市社会团体管理办公室 . 建立政府购买社会组织公益服务长效机制 充分发挥社会组织在服务民生行动中的作用 [EB/OL]. http://www.bjsstb.gov.cn/wssb/wssb/xxfb/showBulltetin.do?id=28482&dictionid=8002&websitId=100&netTypeId=2

② 首都之窗 ."加强社会组织建设 提高服务民生水平"直播访谈 [EB/OL]. http://www.beijing.gov.cn/zbft/rdft/t1199198.htm.

一、用制度建设提升政府的过程管理能力

B市推动政府购买社会组织公共服务实施的过程，也是进行制度建设的过程。2006年B市海淀区就推出了购买服务的规范性文件，B市海淀区人民政府《关于政府购买公共服务指导意见（试行）》界定了政府购买服务的内涵、指导原则、购买价格、购买的总体流程、部门职责和监督考核，基本上为政府购买服务搭建了一个制度平台，并在卫生、文化等部门进行政府购买服务活动试点。B市民政局制定《关于开展政府购买社会组织公益服务项目的意见》，明确了政府购买服务的资金管理、项目范围、工作程序和购买方式。《政府购买社会组织公益服务项目考核管理办法》和《政府购买社会组织公益服务合同文本》，明确了承接任务社会组织的资质审查、契约管理、跟踪监督、绩效评估、资金审计、权利义务和奖惩措施。这一系列的文件政策为政府购买服务的过程管理奠定了制度基础。

二、对购买过程进行科学合理的流程设计

2010年1月18日，B市民政局发布了《B市民政局关于开展社会组织服务民生行动的通知》，对政府购买社会组织公共服务的过程进行了比较明确的流程设计。B市对社会组织购买公共服务的实施流程包括项目申报、项目审核公布、项目实施、项目评估、总结表彰五个阶段。阶段划分、各阶段的活动内容以及各阶段的参与者情况具体参见表5-2所示。

表 5-2　B 市政府购买社会组织服务的流程阶段

阶段	项目申报	项目审核公布	项目实施	项目评估	总结表彰
内容	社会组织通过"B 市社会组织公共服务平台"向管理机关进行申报	项目评估监督委员会对申报项目进行可行性评估；社会组织服务民生行动领导小组对通过评估的项目确认；市和区县民政局社会组织管理机关与相关社会组织就审核通过项目签订合同予以确认，并向社会公众公布。区县级社会组织项目由各区县民政部门进行初审后，将项目汇总报给领导小组	社会组织与管理机关的签约内容，按计划开展活动。市和区县社会组织管理机关将对项目进度情况实施动态监管	社会组织对开展的项目进行自我评估，采取走访调查和网络调查的方式，征询受益人对项目效果的满意度评价。"B 市社会组织公共服务平台"将设专门网页，受益人可登录网站进行实名制满意度反馈。项目评估监督委员会对社会组织实施项目的情况进行第三方评估，并向社会公示评估结果	采取政府嘉奖和社会褒奖的方式对在社会组织服务民生行动中表现突出的社会组织进行表彰。由领导小组委托首都社会组织发展促进会评选出首都"十大最具社会影响力"的社会组织，予以授牌表彰。本次活动结果进入社会组织电子档案，纳入社会组织信用管理系统，作为今后政府购买服务、享受优惠政策和等级评定的依据
参与者	市和区县民政局社会组织管理机关、社会组织	项目评估监督委员、社会组织服务民生行动领导小组	社会组织、社会组织服务民生行动领导小组	社会组织、社会组织服务民生行动领导小组、社会公众和项目评估监督委员会	社会组织、社会组织服务民生行动领导小组、首都社会组织发展促进会

资料来源：笔者根据《B 市民政局关于开展社会组织服务民生行动的通知》整理而成。

三、良好的治理结构提升购买过程的公正廉洁

为了做好社会组织服务民生行动的组织、协调工作，B市民政局成立社会组织服务民生行动领导小组。领导小组在市社团办下设办公室，具体负责社会组织服务民生行动的日常工作。成立由相关领域专家、评估机构和社会工作者组成的项目评估监督委员会，负责对社会组织的申报项目进行审查和可行性评估，对项目实施效果进行评估评价。各区县民政局也要成立相应机构，负责本辖区内社会组织服务民生行动的组织协调工作。例如，2010年4月20日，B市DC区召开政府购买公益服务项目评审会。评审委员会包括由区发展和改革委员会、区社会办、区民政局等项目指导部门，区财政局、区审计局、区监察局等专项监督部门，北京大学公民社会研究中心和清华大学NGO研究所等专家顾问部门。评审委员会对通过初审的29家社会组织进行了最终审核。从上面B市政府向社会组织购买服务的流程设计来看，项目的评估监管中引入了第三方监管，聘请第三方评估机构对受益单位和受益对象进行信息反馈管理，带动了社会监督机制的形成，促进社会组织诚信自律和服务承诺的真实有效，实现了对社会组织公益项目运作和公益活动的动态化监管[①]。这一治理结构促进了社会组织管理部门、相关领域的专家学者以及社会组织之间的互动。在DC区的评审会中，我们看到评审委员会不仅包括区发展与改革委员会，还包括区审计局和区监察局等审计监督机构。这就将监督审计活动纳入到了政府购买服务的项目筛选环节，能够有效地实现对政府权力的监管，有助于消除内部购买等现象的发生，实现购买过程的公正和廉洁。

---

① B市社会团体管理办公室.建立政府购买社会组织公益服务长效机制 充分发挥社会组织在服务民生行动中的作用[EB/OL]. http://www.bjsstb.gov.cn/wssb/wssb/xxfb/showBulltetin.do?id=28482&dictionid=8002&websitId=100&netTypeId=2.

四、通过网上购买实现动态管理、信息公开、社会参与和评价

B市政府购买社会组织公共服务的过程实现了网上办公。B市民政局《关于开展社会组织服务民生行动的通知》中指出，社会组织可以通过网上进行项目的申报。B市民政局和社团办专门建立了"首都社会服务民生行动"的网络平台，实现了向社会组织购买服务过程的网络化运作，实现项目的申报、项目的发布、项目进度、项目社会参与、项目社会评价以及项目检索的全流程网上运作。具体参看图5-1所示。

图5-1 "首都社会服务民生行动"网络平台

这一网络平台具有强大的功能，集网上申报、网上信息公开、网上项目进度追踪、网上社会组织参与及网上公众评价于一身。社会组织可以实现网上项目申报。具体的申报方式为：登录"B市社会组织公共服务平台"网站，进入"社会组织服务民生行动"相关网页，填报《社会组织服务民生行动项目申报表》。同时可以实现购买项目的网上信息公开，接受社会公众的监督。确认的项目集中通过"首都社会服务民生行动"的网络平台向社会公布，接受社会的全过程监督。申报项目的基本信息全部在网上进行公开展示，包括购买的社会组织的名称、项目名称、项目简介、项目类型、活动地域、项目计划实施阶段和每个阶段预计完成内容、服务领域、项目投入资金和来源、预计受益人群、项目资金用途，甚至项目服务对象名单等都在网络平台进行公开。这一网络平台同时可以实现对购买项目的动态管理，新发布的项目、已实施的项目、已完成的项目等都在网上展示。同时，社会公众可以通过项目评价对相关的项目进行打分或者发表意见。相关行动者可以在网上对自己感兴趣的项目提出的要求，填写参与者的信息、联系方式，为该项目提供的资源或服务等。

五、通过组团项目设置引导社会组织合作

B市政府向社会组织购买公共服务注重通过组团项目的设置引导社会组织之间展开合作，发挥更大的服务功能。《B市民政局关于印发〈B市2011年政府购买社会组织公益服务项目目录〉的通知》将2011年政府购买的项目分为服务民生类、公益服务组团类、专业服务类、培育发展类、参与社会管理类等五大类。其中特别推出了公益服务组团类的购买项目，根据性质相似、功能相近、资源互补、利益共享的原则，按照项目需求，不同层次、不同类型的社会组织共同承担较有规模的公益服务项目。这些项目的目标是推动社会组织之间展开合作，形成合力去提供一些覆盖更大范围，或者具有更高层次质量，而单个社会组织又难以实现的公益性服务。组团项目设置的内容具体包括 11 项,具体参看表 5-3 所示。

表 5-3　B 市购买服务中公益服务组团类的项目设置

以街道社区等地域为基础,形成的社区服务组团项目。
以公益服务品牌项目为核心的组团项目。
围绕一类活动,自然形成的且能够互相进行资源配置的组团项目。
围绕解决基层热点、难点问题的组团项目。
以行业协会为核心,突出行业个性化的组团项目。
建设社会组织枢纽型工作体系的组团项目。
以党组织为主导的组团活动项目。
基金会资助而形成的组团项目。
社会志愿公益服务类组团项目。
维护社会稳定、建设和谐社区类组团项目。
依据相关法律法规形成的开展垃圾分类、动物限养等服务的组团项目。

资料来源:《B 市民政局关于印发〈B 市 2011 年政府购买社会组织公益服务项目目录〉的通知》。

六、通过前置评估提升购买者的资质

B 市将政府向社会组织购买服务与社会组织评估相结合,通过评估促进社会组织能力建设,把好参与购买公共服务的社会组织的资质关。2010 年 10 月 8 日,B 市民政局下发《B 市民政局关于开展社会组织评估工作的通知》,提出开展社会组织评估活动,同时明确地指出,评估结果将与政府购买服务、税收优惠、人才引进等相关扶持政策挂钩,建立社会组织激励和评价机制,有效地促进本市社会组织适度竞争和规范化管理。B 市根据《B 市社会组织评估管理暂行办法》规定,市民政局在 2010 年和 2011 年连续两年,委托专业评估机构对自愿申报的社会组织从基础条件、组织建设、工作绩效（自律与诚信建设）、社会评价等方面进行了评估。2010年，B市社团办对符合条件的182个社会组织进行了评估，并于2011年1月5日至1月20日对评估等级结果进行了公示，评出了5A级社会组织26个，4A级社会组织68个，3A级社会组织74个，2A级社会组织11个和1A级社会组织3个。2011年，B市社团办又继续推出了对其余社会组织的评估活动，B市社团办又继续推动了社会组织评估活动,评估的等级划分和结果也即将向社会公布了。

七、通过引导式购买激活社会资源

B市政府向社会组织购买服务并非全额式的购买，而是要通过"种子"资金的带动，激活更多的社会资源，投入到社会公共服务领域中来。B市政府向社会组织支付分为全额购买、部分购买、奖励三种形式，以后两种为主。B市社会建设工作领导小组办公室表示，项目申报、购买将发挥建立机制、填补空白,支持和引导开展公益性服务活动的作用,"并不是纯粹地花钱办事"。属于单位职责、已由部门预算保障的项目，仍由原经费渠道解决。通过任何途径已由市级财政支持的项目，原则上不再作为购买对象。从2011年起，BJ的社会组织管理将逐步推广"养事不养人"的原则，政府通过"枢纽型"的社会组织购买管理岗位，即由政府出资，通过公开招聘的方式，录取社会组织信任的专职人员，形成专业的管理队伍[①]。截止到2011年7月份，B市全市已经申报的2724个服务民生项目中，政府资助了887个项目，其余的1837个项目均非政府资助，其中社会捐赠类的项目有425个，社会组织自筹资金的项目达到1362个。具体参见表5-4所示。

---

① 300个政府购买公共服务项目公布[N].北京青年报，2011-3-26.

表 5-4　B 市全市政府购买社会组织项目投入形式

项目投入式	项目总数	社团项目数	民非项目数量
政府资助	840	514	326
社会捐赠	305	176	129
自筹	1281	456	825
合计	2426	1146	1280
物资折合资金	1065	429	601

资料来源：B 市社团办公布的《建立政府购买社会组织公益服务长效机制 充分发挥社会组织在服务民生行动中的作用》报告附件。

八、通过信用管理系统进行有效的后期管理

B 市民政局公布的《关于开展社会组织服务民生行动的通知》中指出，服务民生活动结果进入社会组织电子档案，纳入社会组织信用管理系统，作为政府购买服务、享受优惠政策和等级评定的依据。根据 B 市的规定，依法登记注册、具有独立法人资格、连续两年年检达到合格及以上等级的社会组织，可以依据指南申报项目。因违法行为被执法部门依法处罚未满两年，或因涉嫌违法违规正在接受有关部门调查的社会组织，不能作为项目申报单位。这就对社会组织形成了较为系统的后期管理体制。

第三节　B 市政府购买服务的效果和影响

尽管 B 市开展政府向社会组织购买服务的活动仅仅两年多，但是取得了良好的效果和影响。B 市政府向社会组织购买服务活动以项目申报和开展为抓手，推出了一批民众得实惠的公共服务项目；通过政府资金的吸引带动了一批资金投入到社会服务领域，通过购买公共服务项目

的开展动员了一批力量参与服务民生活动，通过资源配置活动推动了一批社会组织之间的实质性合作。

一、开展了2000多个政府购买公共服务项目

据统计，截至2011年7月底，全市1846个社会组织共申报项目2706个，筹集社会资金22.98亿元，组织动员社会组织工作人员、会员和志愿者近50万人，较好地发挥了社会建设组织载体的作用。2011年7月，177个社会组织的231个服务民生项目正式启动，共投入资金2582万元，58万人次受益。全市各级政府和社会各界参与社会组织资源配置的有923个项目，其中已经签约并实施的项目有71项，达成合作意向的有227项，正在洽谈之中的有100项，已开始合作的有525项，项目涉及金额达1.12亿元，形成社会组织与政府之间、社会组织之间资源共享、优势互补、相互促进、共同发展的良好局面[①]。截至2011年7月，B市政府购买社会组织开展服务民生活动的项目整体情况如表5-5所示。

表5-5 项目开展总体情况统计表

申报	审核通过	审核不通过	待审核	启动	初期	中期	后期	完成
2724	2252	312	160	253	117	68	39	29
占比	82.67%	11.45%	5.87%	9.29%	4.30%	2.50%	1.43%	1.06%

资料来源：B市社团办公布的《建立政府购买社会组织公益服务长效机制充分发挥社会组织在服务民生行动中的作用》报告附件。

二、动员了2724人参与服务民生活动

B市通过向社会组织购买公共服务开展服务民生的活动，有效地调动了社会人员参与服务民生。截止到2011年7月，B市共调动了2724人参与到服务民生活动之中，详细情况参看表5-6所示。

---

① B市社团办：《建立政府购买社会组织公益服务长效机制 充分发挥社会组织在服务民生行动中的作用》调研报告。

第五章　B市政府购买服务过程管理的实践探索

表 5-6　已申报项目参与人群总体情况统计表

社会力量类型	全市情况							市级情况								区县情况			
	项目总数量	社会组织总数	社团项目数量	社团数量	民非项目数量	民非数量	基金会项目数	基金会数量	社团项目数量	社团数量	民非项目数量	民非数量	社团项目数量	社团数量	民非项目数量	民非数量
本组织工作人员	2506	1710	1009	672	1305	945	192	93	383	238	250	142	626	434	1055	803
会员	990	702	761	529	204	157	25	16	311	202	45	30	450	327	159	127
志愿者	1154	725	477	286	546	373	131	66	221	127	125	78	256	159	421	295
居民	248	207	83	65	152	134	13	8	31	18	22	18	52	47	130	116
合计	2724	1859	1081	721	1431	1038	212	100	402	252	278	155	679	469	1153	883

资料来源：B市社团办公布的《建立政府购买社会组织公益服务长效机制 充分发挥社会组织在服务民生行动中的作用》报告附件。

91

三、推动了一批组织合作开展公共服务活动

B 市政府向社会组织购买公共服务活动的一个重大特色就是通过资源配置活动和组团项目购买的方式推动社会组织之间展开合作，推动集团化的运作。从实施效果来看，B 市推动了政府、企业、事业单位、研究机构、社会团体、民办非企业单位、基金会、法律机构、中介机构、教育机构、卫生机构、志愿组织等各类组织共计 313 个进行合作。详细情况参看表 5-7 所示。

表 5-7 已申报项目合作组织总体情况统计表

需政府资助资金：2688.7 万元		
提供合作组织		
类别	数量（个）	比例
政府	73	23.32%
企业	68	21.73%
事业单位	25	7.99%
研究机构	10	3.19%
社会团体	104	33.23%
民办非企业单位	10	3.19%
基金会	4	1.28%
法律机构	2	0.64%
中介机构	0	0.00%
教育机构	13	4.15%
卫生机构	1	0.32%
志愿组织	3	0.96%
合计	313	—

资料来源：B 市社团办公布的《建立政府购买社会组织公益服务长效机制 充分发挥社会组织在服务民生行动中的作用》报告附件。

四、在社会组织之间通过资源配置实现了活动场地等资源的共享

B市在政府购买社会组织公共服务的过程中,也很重视通过购买项目带动相关社会组织之间的资源配置和共享。截止到2011年7月份,B市共配置了45,180.00平米的活动场地以开展服务民生活动。其中,体育场馆2,400.00平米,露天场地14,170.00平米,教室2,030.00平米,礼堂20,600.00平米,会议室5,980.00平米,详细情况参看表5-8。

表5-8 B市配置场地资源情况

类别	面积(㎡)	比例	地域
体育场馆	2,400.00	5.31%	海淀区、朝阳区
露天场地	14,170.00	31.36%	大兴区、昌平区、石景山区、房山区、通州区、朝阳区、海淀区、东城区、顺义区、门头沟区
教室	2,030.00	4.49%	朝阳区、大兴区、东城区、西城区、昌平区、宣武区、海淀区、丰台区
礼堂	20,600.00	45.60%	西城区、丰台区、东城区、崇文区、海淀区、通州区、昌平区、顺义区、宣武区、房山区、朝阳区
会议室	5,980.00	13.24%	大兴区、宣武区、平谷区、东城区、崇文区、石景山区、延庆县、海淀区、西城区、朝阳区、丰台区、房山区、昌平区
合计	45,180.00	—	—

资料来源:B市社团办公布的《建立政府购买社会组织公益服务长效机制 充分发挥社会组织在服务民生行动中的作用》报告附件。

表5-9 已申报项目社会组织资源配置总体情况统计表

组织数量（单位：个）		项目数量（单位：个）	资金（单位：万元）	场地（单位：m²）						志愿者（单位：人）			服务对象（单位：人）				
				合计	体育场馆	露天场地	教室	礼堂	会议室	合计	进社区	不进社区	合计	低保人群	孤寡老人	妇女儿童	下岗职工
合计	668	796	27,471.98	549,812.81	40,501.00	419,484.81	25,596.00	44,865.00	19,366.00	39,354	35,647	3,603	3,075,251	56,065	306,175	59,117	29,342
社会团体	233	270	23,064.68	321,879.80	2,601.00	284,919.80	3,415.00	16,990.00	13,954.00	24,659	23,805	804	142,334	7,997	1,936	38,021	16,174
民办非企业单位	415	492	4,021.30	219,983.01	37,900.00	134,415.01	22,181.00	20,875.00	4,612.00	14,583	11,801	2,728	2,932,002	48,058	304,229	20,586	13,148
基金会	20	34	386.00	7,950.00	0.00	150.00	0.00	7,000.00	800.00	112	41	71	915	10	10	510	20

资料来源：B市社团办公布的《建立政府购买社会组织公益服务长效机制 充分发挥社会组织在服务民生行动中的作用》报告附件。

五、向260多万人提供了各类公共服务

B市自从开展服务民生活动以来，截至2011年7月共通过向社会组织购买公共服务的形式向2,620,038人提供了各种各类的服务。其中通过向社会组织购买公共服务服务低保人群52,020人，服务孤寡老人302,410人，服务妇女儿童11,430人，服务下岗职工20,083人，服务残疾人205,798人，服务其他人员2,028,297人。详细情况参看表5-10所示。

表5-10　B市购买社会组织服务对象情况

	人数	比例
低保人群	52,020	1.99%
孤寡老人	302,410	11.54%
妇女儿童	11,430	0.44%
下岗职工	20,083	0.77%
残疾人	205,798	7.85%
其他	2,028,297	77.41%
合计	2,620,038	—

资料来源：B市社团办公布的《建立政府购买社会组织公益服务长效机制 充分发挥社会组织在服务民生行动中的作用》报告附件。

2011年10月13日之前，首都之窗京友网做了一个关于社会组织建设情况的调查问卷，调查持续一个星期的时间，回收问卷229份。调查的结果也从一个侧面反映了B市通过购买社会组织公共服务而服务民生的效果。详细情况参见表5-11所示。

表 5-11　B 市社会组织服务民生公众认知调查

服务领域	接触和享受过社会组织服务的比例	享受社工服务的比例	享受过体育健身娱乐服务的比例	享受过社区发展服务的比例	享受过法律咨询服务的比例
	60.7%	48.17%	31.1%	27%	23%
服务方式	通过公益活动提供服务	开展宣传工作	培训研究训练	通过热线服务	
	66.7%	37.8%	25.9%	21.5%	

资料来源：首都之窗，《"加强社会组织建设 提高服务民生水平"直播访谈》，2011 年 10 月 13 日，http://www.BJeijing.gov.cn/zBJft/rdft/t1199198.htm.

通过对 B 市政府向社会组织购买公共服务的过程管理的案例分析，我们发现 B 市在对购买过程的管理方面已经初步形成了一个行之有效的制度框架。这一个案对于我们探讨政府对购买服务进行过程管理的政策设计具有宝贵的借鉴意义。当然 B 市的经验还仅仅只有两个念头，有些地方也有进一步的发展空间，如需求管理、招投标制度和项目绩效评价机制等方面还有不足之处。这些不足之处在其他地方也是普遍存在的。这些不足之处也为我们更好设计政府购买服务过程管理政策提供了方向。本研究接下来的内容将在总结 B 市购买公共服务过程管理经验的基础上，针对本研究报告第一部分提出的政府购买公共服务面临的挑战和难题，并在第二部分关于政府购买公共服务过程管理的理论分析的指导下，提出健全和完善政府购买公共服务过程管理的政策选择。

第四节　政府购买服务过程管理能力建设的政策选择

政府向社会组织购买服务意味着政社合作治理时代的到来，政府的职能重点已经发生了转移，政府由公共服务的生产者转变成了公共服务的购买者，政府职能重点和决策转变对政府的治理能力也提出了新的要求和挑战，以前强调的是政府的生产能力，现在更加强调的是政府的"购买"管理能力，要求政府能够成为一个"精明的买主"，为社会公众就公共服务做一个好的"交易"，"'精明买主'的问题是合同外包制度面临的最严峻的挑战；如果政府没有充当精明买主的能力，不断增加的竞争也就毫无意义"[1]。政府向社会组织购买公共服务对于社会公众、政府和社会组织而言是一个多方共赢的大好事。为了将好事做好，我们需要在关于政府购买公共服务的高度热情和观念倡导之后，进行系统的理性思考与扎实的制度设计和机制建设，增强政府对购买服务过程的管理能力。为了进一步健全和完善政府购买公共服务的过程管理，我们提出如下六条建议。

一、健全公共服务的需求调查机制，以公众选择作为服务购买活动的起点

政府向社会组织购买公共服务，首先要决定的是需要哪些类型的公共服务，对社会公众进行公共服务需求调查，是政府向社会组织购买公共服务的起点。因此，建议建立健全公共服务的需求调查机制，将购买公共服务的选择建立在对社会公众的需求调查的基础上。

从目前来看，中国很多地方的政府购买公共服务活动缺少这一环节和机制，没有有效地对社会公众的需求进行调查和信息收集。一般情况

---

[1]　唐纳德·凯特尔. 权力共享：公共治理与私人市场 [M]. 孙迎春，译. 北京：北京大学出版社，2009: 9.

下，国内许多地方政府购买流程的起点是政府部门向社会及社会组织发布购买服务的通知和目录，活动的重点聚焦于购买的过程。有些地方是在政府网站征集发布《关于向广大市民征集对〈B市某区2012年在直接关系群众生活方面拟办的重要实事〉建议》的通知后，然后将购买公共服务的选择与建议征集到的信息相联系。但二者毕竟是有差别的，如果忽视了对社会公众的需求调查，没有将购买建立在社会公众选择的基础上，那么就容易出现购买的公共服务与社会公众的需求脱节的情况。即容易出现社会公众需求的公共服务，政府没有购买；政府购买了的公共服务，群众不需要，或者用不上，最终既浪费了公共财政，群众也没有得到实惠。

健全公共服务的需求调查机制，需要政府转变观念，尊重社会公众的选择权，主动开展公共服务需求的社会调查。首先，要将社会公众公共服务需求调查纳入到政府购买公共服务的流程之中，作为购买公共服务的先决环节。在购买公共服务活动开展之前，要进行大规模的社会公众公共服务需求调查，收集社会公众的需求信息。其次，对社会公众公共服务需求信息的收集可以建立在已有的公众对公共服务绩效评估结果的基础上，重点针对评估中群众不满意的服务开展购买活动。已有的公众对公共服务的绩效评估可以通过与其他政府部门，与研究机构，或者与社会调查机构合作取得。最后，在没有相关信息的情况下，购买服务的政府部门也可以通过多种方式进行公众需求调查，例如可以自己设计问卷进行调查，也可以委托专业的调查机构进行调查，还可以将公众需求调查作为一个课题委托给相关的学术研究机构。在通过各种方式和途径进行公众需求调查的基础上，对数据进行分析，就可以针对公众不满意的服务或者公众急需的服务项目提出政府向社会组织购买公共服务的目录建议了。

二、建立公共服务购买目录筛选机制，将购买内容聚焦于基本公共服务上

政府向社会组织购买公共服务是利用公共财政资金为社会公众购买的服务，因此这些服务是针对较大人群面临的共同问题和需求展开的，这些服务具有较低的排他性和较低的减损性。确保购买的服务是公共服务，这既是公共服务这一名词的本质要求，也是用来购买服务的公共财政资金的资金性质的要求。建立公共服务购买目录筛选机制是确保购买的资金的确用于公共服务的项目上，防止公共财政资金被用于私人的事物或项目上，防止公共财产的流失。因此，有必要建立公共服务购买目录筛选机制，将服务购买活动聚焦于基本公共服务上面。

从目前来看，中国很多地方政府购买的服务五花八门，既包括社区服务和管理类服务，也包括行业性服务和管理类服务，还包括行政事务和管理类服务等。有些服务虽然是社会组织的活动内容，但从性质上来看不属于公共服务的内容。例如某些社会组织申报的服务项目的经费支出中，有一些经费是用于该组织购买相关的器材和设备的。虽然这是开展活动需要的投入，但是如果公共财政资金大量地用于社会组织的建设投入，就偏离了政府购买公共服务的初衷。

建立公共服务购买目录筛选机制，就是根据公共服务的性质和内容、服务活动监测监管的难易程度等标准，通过一定的方式，对需求调查环节提出来的购买目录建议进行进一步的筛选。首先，需要研究制定公共服务购买目录筛选的标准，要在公共服务的性质、社会组织服务活动监测评价的难易度、竞争性的程度等方面进行系统的研究，在此基础上总结制定出一套服务目录筛选标准，根据这样一套标准筛选出的确属于公共服务类别的、绩效容易鉴别的、政府容易管理的、群众的确需求的，同时购买者之间具有竞争性的服务项目，并把它纳入到购买目录之中去。其次，可以成立由社会公众、专家学者、社会组织以及财政部门等代表

组成的筛选委员会和专家库，借助网上异地分散筛选方式，通过"德尔菲"方法进行购买服务目录的筛选，最终确定购买服务的目录，以便向社会公布。

三、建立健全服务购买的招投标机制，推动购买过程的独立性和竞争性

新公共管理运动的民营化核心策略的精义就在于通过政府购买等多种民营化途径将以前由政府垄断供给的公共服务转移到社会和市场上，通过企业或者非营利组织之间的竞争打破以前的政府垄断，从而提升公共服务的供给绩效。民营化就是指打破政府垄断公共服务供给的局面，引入私营部门、第三部门等力量和资源，通过竞争等市场机制来促成公共服务供给的多元化、多中心局面，增强企业、社会组织、社区以及家庭等众多主体在公共服务供给中的影响。一方面增加公共服务供给的多样性和多层次性，改进所供给的公共服务与市民的需求和偏好之间的契合性；另一方面通过多元主体的竞争等互动机制提高公共服务供给的效率，从而更好地满足公众对公共服务的需求[①]。可见竞争性是民营化的灵魂，政府购买公共服务作为民营化的一种形式，也必须要通过机制建设增强竞争性。

政府购买公共服务作为权力和利益铰接比较密切的领域，涉及多个不同性质的复杂的利益主体，实施过程中的确存在内部购买、变相购买、虚假购买等不容忽视的问题。从中国的现实来看，在社会组织有官民二重性的特征和独立性不强的情况下，容易造成购买资金的不透明、购买服务绩效监管不到位等问题。从目前政府购买公共服务的过程来看，中国还没有建立起有效的招投标机制，B 市在购买公共服务的过程中实行的是评审机制，通过建立评估专家组对社会组织申报的项目进行

---

① 毛寿龙，陈建国. 经济合作与发展组织国家公共服务民营化研究（上）[J]. 兰州大学学报，2009(5).

筛选和审核，这种审核虽然也起到一定的淘汰作用，但基本上不会出现招投标的竞标形式。从该市项目评审结果来看，项目审核通过率达到了82.67%，这就是说社会组织只要申报项目，基本上都会通过。因此，对于中国的政府购买服务而言，建立健全服务购买的招投标制度机制就显得尤为迫切了。完善的招投标机制，可以增强社会组织的独立性，增强购买过程的透明度和公开性，防止一些政府部门通过购买服务的方式将公共资金转移到私人组织之中去。

其实招投标制度在中国已经实行多年，而且有比较成功的经验。日照市经过十几年的探索，逐步建构起了"让权力退出、靠制度运行、以监督保障、用科技支撑"的招投标制度和机制，以"阳光作业"打破"暗箱操作"，从源头上剥夺了"腐败的权力"，有效破解了"工程上马、干部下马"的难题[1]。因此，政府购买公共服务招投标机制的建设可以借鉴工程招投标的模式。首先，要规范政府部门的权力。政府部门要退出招投标的环节，尤其是要退出评标环节，将评标交给独立的专家组。其次，扩大专家组的范围。对社会组织的标书进行匿名处理，由分散在全国不同地方的专家通过网络平台进行远程异地匿名评标。最后，要增强购买服务招投标过程的透明度和公开性，实行社会公众、审计部门、监察和纪检部门对招投标的全过程参与。通过招投标筛选出来的购买服务项目由相关政府部门及时向社会公示，在规定的期限内无人提出异意，政府部门方可与相关的社会组织签订购买合同。

四、健全多方互动的动态项目实施机制，进行过程控制和监督

项目实施的过程是公共服务生产和消费的过程，也是决定购买的项目质量和绩效的过程。因此，如何更好地监督项目实施对于提升政府过程管理能力至关重要。政府向社会组织购买公共服务，由社会组织实施

---

[1] 陈建国. 公共建设项目招投标制度创新与地方治道变革——以山东省日照市为例[J]. 华东经济管理，2010(8).

服务活动。这就在政府与社会组织之间形成了一重"委托—代理"关系，就可能会产生"委托—代理"问题。

所谓"委托—代理"问题，是指"在这些场合，如果代理人得知委托人对代理人的行为细节不很了解或保持着'理性的无知'，因而自己能采取机会主义行为而不受惩罚，那么代理人就会受诱惑而机会主义地行事。如果委托人要想发现代理人实际上在干什么，就需耗费很高的监督成本（信息不对称）"[1]。因此，购买服务之后，社会组织是否会忠实地按照合同的规定去服务社会公众，是政府对购买过程管理必须要重点考虑的问题之一。除了用合同约束社会组织，用奖惩来激励社会组织之外，健全多方互动的动态项目实施机制，对购买服务项目进行过程控制，也是提升服务绩效的重要途径。

从中国的政府购买服务情况来看，有些地方对社会组织购买的服务项目实施过程进行了较好的管理，一般情况下是政府部门人员随机地参与社会组织的项目实施活动，以此来实现对购买服务项目的监督。B 市对项目的实施过程进行了动态管理。有些地方则采用放任自流的形式，注重购买过程而忽视了对项目实施过程的监管，最后导致项目实施绩效不够高；或者由于有些社会组织和购买服务的政府部门之间缺乏独立性，相关政府部门会主动放松监管或者故意不监管。

其实许多公共服务项目的实施过程是社会组织进行服务生产的过程，也是社会公众进行服务消费的过程。这就为我们建立多方互动的动态项目实施机制提供了基础。要在社会公众、社会组织和政府部门之间建立关于项目实施情况的动态持续信息沟通反馈渠道。社会组织购买的服务项目实施得怎样，作为服务对象的社会公众最有发言权；在实施过程中出现了什么问题，他们也最为了解。因此，可以通过信息沟通反馈

---

[1] 陈建国．物业小区保安服务的制度分析［J］．公安学刊，2007(3)．

渠道将相关信息向政府部门反馈，以便政府采取措施。

五、健全购买服务项目的绩效评价机制，对项目实施质量管理

绩效评价是鉴别购买的服务项目效果的重要方式，绩效评价是连接项目投入和项目产出的中间环节。对社会组织购买的服务项目的实施效果进行评价既是对社会公众的一个交待，也是对用于购买的公共财政资金负责的表现。绩效评价同时也是对承担服务项目的社会组织进行正负向激励的依据。因此，健全购买服务项目的绩效评价机制意义重大。

从中国的现实来看，许多地方政府在购买公共服务之后，很难对合同规定的内容进行监督和评价，普遍缺乏科学系统的评价体系和评价鉴别能力。有些地方虽然推出了对社会组织承担的公共服务项目的绩效评价，但是评价比较单一，仅仅是委托相关学术研究机构对相关项目进行评价。从指标体系来看，中国一些地方政府在对购买服务项目的评价中注重对投入资金、动员的社会组织数量等方面的评估，而缺乏对具体项目实施的效果、效率和效益的评价指标。

健全购买服务项目的绩效评价机制，对项目实施质量管理尤为重要，需要我们进一步完善政府购买的公共服务项目的评价体系。首先，要建立多元参与的全方位的评价结构，对购买的公共服务项目的绩效实行全面评估。社会公众、服务对象、政府部门以及相关专家都应当参与到对项目绩效的评价之中去。要注重评价主体的独立性，不能与社会组织具有利益关系。其次，要开发科学合理的项目评价指标体系。具体项目的评价指标体系可以结合项目申报时提出的项目目标进行设计，除了要评估项目的投入、活动过程和次数之外，还需要重点对项目实施的效果进行评价，将服务对象的满意率作为评价的核心指标之一。项目绩效评价完成之后，将相关的绩效数据用于后期管理。

六、建立项目承担组织末位淘汰机制，加强后期管理和责信

加强政府购买公共服务项目的后期管理，建立项目承担组织末位淘

汰机制是形成政府购买服务活动持续开展的长效机制的基础，有利于对社会组织形成持续的激励，持续推动它们参加购买公共服务活动。

从中国的实践来看，当前很多地方政府不太重视对购买服务活动的后期管理，没有从制度和机制建设的高度认识这个问题。有些地方仅仅是将政府购买公共服务看作一次活动，活动完成之后对社会组织进行表彰和奖励，就标志着政府向社会组织购买公共服务活动的结束。下次再购买社会组织的服务，需要重新开始，而且两次购买活动之间没有太大的关系。这不利于社会组织自身的发展，也不利于对社会组织责信。

建立项目承担组织末位淘汰机制，加强后期管理和对社会组织的责信，是在"第三方"政府治理时代和政府购买服务时代加强政府治理能力的必然要求。首先，建议对参与购买公共服务活动的社会组织实行末位淘汰机制，凡购买服务不认真实施或者实施绩效差的社会组织，其项目实施绩效评估最差的，被淘汰出局，且不能参加下一轮的购买公共服务活动。其次，建立社会组织承担公共服务项目信用数据库，将所有购买过公共服务项目的社会组织的行为和绩效纳入到数据库之中，根据数据库的记录，对不同的社会组织的信用打分排名。在后一轮的购买服务活动的项目评审过程中，将社会组织的信用作为考虑因素。

七、结论

政府向社会组织购买公共服务是政府服务公众的一种新形式，也是一种新的治理方式。对中国政府而言，政府购买服务还面临着不少难题和挑战。而加强政府购买公共服务的过程管理能力是克服这些难题、迎接这些挑战的必经途径。B 市政府推出向社会组织购买服务活动虽然只有短短的两年时间，但是已经初步形成了比较科学有效的制度体系，进行了科学合理的购买流程设计，通过网上购买实现动态管理、信息公开、社会公众参与和评价，通过组团项目设置引导社会组织合作，通过前置评估提升参与购买的社会组织的资质，通过引导式购买激活更多的资源等。B市政府向社会组织购买公共服务活动立足于购买，但是又超越了购买的意义，应当说已经显现出了在政社合作治理时代政府治理模式转换的态势，不仅对中国其他地方推进政府购买公共服务的政策选择具有重要的借鉴意义，而且对于政府在民营化时代如何提升过程管理能力这一普遍难题具有一定的探索意义。当然，由于国情和社会组织发展程度的实际情况，B市在政府购买服务过程管理方面和其他地方一样面临着一些普遍的难题。为此，我们需要进一步加强政府对购买服务过程管理的能力建设，健全公共服务的需求调查机制，以公众选择作为服务购买的起点，将公共服务的购买建立在公众需求的基础上；建立公共服务购买目录筛选机制，将购买服务内容聚焦于基本公共服务上面；健全服务购买的招投标机制，推动购买过程的独立性和竞争性；健全多方互动的动态项目实施机制，进行过程控制和动态监督；健全购买服务项目的绩效评价机制，对项目实施质量管理；建立项目承担末位淘汰机制，加强后期管理和对社会组织的责信。

第六章 政府购买服务过程管理中的政社合作

第一节 引言

购买服务是权力、社会、市场和专业秩序交织的领域。进入全面深化改革新时期的国家治理具有两个趋势：一是领域治理的继续分离，二是在领域分离基础上的治理融合。领域治理的继续分离是从计划经济和全能政府时代走过来的中国国家治理客观形势的必然要求，那就是要继续推进政企分开、政市分开、政资分开、政社分开、政事分开，将政府承担的过多责任和职能通过行政审批制度改革、政府权力清单、责任清单等具体改革措施削减掉或者转移出去。领域分离基础上的治理融合则是在"五分开"的基础上，根据市场、企业、社会组织及政府等不同组织形态的特性和优势，就政府应当承担的一些职能进行合作，通过购买服务、委托项目等具体方式，将企业的竞争性效率、社会组织的灵活性和非营利性优点引入到服务的供给过程中来。

第六章 政府购买服务过程管理中的政社合作

领域的分离和融合对政府的治理能力提出了全新的要求。随着领域融合的不断发展，社会组织将会承担越来越多的职能，提供越来越多的服务，发挥越来越大的作用。政府治理能力的重点从过去自上而下的内部控制力转向重点发展对合作治理的治理能力。政府购买服务是当前从中央到地方各个层面的政府都非常重视的一种创新性活动。过程管理能力是购买服务的关键性能力。如何成为精明的购买者，是否具备系统有效的管好购买服务合同的能力，恰当处理合同执行过程中的问题，顺利实现合同目标，就成为影响购买服务时代政府治理绩效的关键环节。

购买服务这种新的服务供给模式改变了服务供给的流程，对政府的过程管理能力提出了空前的挑战[1]。服务改变了公共服务供给的流程和环节，重塑了公共服务的需求方、提供方、生产方和消费方之间的关系。当然，服务供给流程环节的转变以及各方关系的转变，对政府的治理能力也提出了新的挑战。政府需要从过去的命令者、控制者和管理者，转变成为需求的有效表达者、服务的精明购买者[2]、绩效的评价者和合同的监管者。政府需要从过去对内部的控制管理，转向重点对外部的协调合作；从过去上下级之间的层层命令、汇报控制，转向横向的沟通、协调、谈判和监管。

为了适应购买服务提出的挑战，现实中许多政府部门都采用了与社会组织合作管理购买服务过程的办法，形成了购买服务过程管理中的政社合作模式。购买服务过程管理中的政社合作，其实就是政府通过购买服务的办法来管理购买服务的过程。在过程管理的合作治理中，政府与承担购买服务管理活动的社会组织之间形成了一种既有分工又有合作的

---

[1] 陈建国. 政府购买公共服务过程管理研究——以北京市为例 [J]. 理论探索, 2012(4): 115-119.

[2] KETTL D F. Sharing Power: Public Governance and Private Markets [M]. Washington D.C.: Brookings Institution, 1993.

合作治理关系。政府是决策者，社会组织是执行者；政府是资金的提供者，社会组织是购买事务的操办者；政府是管理者和监督者，社会组织是专业力量的组织者；政府是购买服务管理活动的委托者，社会组织是代理者；政府是责任的承担者，社会组织就购买过程管理事务性工作向政府负责。

购买服务实践活动轰轰烈烈地开展，也成了学术界和社会所关注的热门话题。在知网上搜索主题词"购买服务"，论文就有4473篇，在百度上搜索"购买服务"，有3870万条信息。国内对购买服务的研究主要集中于购买的模式是竞争性还是非竞争性，社会组织参与购买服务的优势及价值等方面，对于购买服务过程管理的关注还比较少，聚焦到购买服务过程管理中的政社合作模式的也不多。相对而言，国外购买服务实践的发展历史比较长，购买服务合同长期以来都是美国公共服务供给系统的一个中心要件，学术界能够快速地捕捉到购买服务过程管理这个焦点议题。精明购买者、合同制治理等成了西方学术界在购买服务研究中的重点议题。

本章试图通过政府和社会组织合作的角度，探讨购买服务过程管理的模式，分析政社合作模式是如何回应购买服务过程管理带来的专业性和综合性挑战。具体文章结构安排如下：第一，从背景的角度提出购买服务对于政府治理模式和能力的挑战，从而弄清楚政府合作购买服务过程管理的必要性；第二，从经验的角度去观察中国当前政府购买服务过程管理中的政社合作的实践，通过对实践经验的观察，总结购买服务过程管理中的政社合作治理面临的问题和风险；第三，在理论的指导下，提出完善政社合作治理的思考政策。

第二节 购买服务过程管理需要政社合作

新公共管理运动倡导"掌舵而不划桨",公共经济治理提出"提供"(provision)与"生产"(production)可分[1],这就为购买服务民营化提供了可能性,从而也对政府购买服务过程管理的能力提出了要求。购买服务把政府从众多公共服务的包办中解放出来,从针对内部的管理中解放出来,聚焦于对外部合作伙伴关系的管理。这标志着一种新的治理模式的出现,有人称之为"网络治理"或者"合作治理"。

购买服务过程的专业性和繁杂性需要专门的过程管理。政府向社会组织购买服务,改变了公共服务供给的流程环节,也改变了公共服务供给的治理结构。传统的服务供给流程环节比较简单,就是决策和执行;引入购买服务之后流程环节包括需求提出、招投标筛选生产者、项目执行、绩效评估和后期管理等。传统的服务供给模式中涉及的行动者是政府和公民;引入购买服务之后,涉及的行动者就变成了政府、社会组织和公民。正如公共行政学者约翰斯顿所指出的那样,这将意味着"关系数量翻了一番,其复杂性也将呈指数递增"[2]。从政府向社会公众购买公共服务的流程分析以及治理结构分析的结论来看,我们可以从这两个角度进行交叉分析,来理解政府购买公共服务过程管理的阶段、内容、参与者和功能。从规范性的角度来看,购买服务的流程大体上可以划分为需求分析、决策安排、招投标、项目实施、绩效评估和后期管理六个阶段,每个阶段的内容、行动者及功能各有侧重。需求分析阶段的核心内容是,社会公众表达对公共服务的偏好和需求,政府通过民主机制听

---

[1] OAKERSON R J. Governing Local Public Economies: Creating the Civic Metropolis[M]. New York: Ics Press, 1999.

[2] JOHNSTON J. Public servants and private contractors: managing the mixed service delivery system[J]. Canadian Public Administration, 1986, 29(4): 549-553.

取公众的意见，为决定购买哪些服务或不购买哪些服务，收集民意信息。主要行动者包括政府部门和社会公众。需求分析的主要功能是确保购买的服务是社会公众需要的和用得着的。决策安排阶段的核心内容是：政府根据财政预算、如何融资、决定购买服务的数量和质量标准，并确定通过何种形式和程序购买服务。该阶段的主要行动者是政府部门，主要功能是确保购买服务的资金到位、购买活动顺利开展。招投标阶段的核心内容包括发布购买服务的公告信息、目录和资助方式。社会组织撰写项目申请书，投标申请相关项目的购买。同时，政府组织相关专家和公众代表评审购买申请书，做出购买决定并和相关的社会组织签订购买合同。该阶段的主要行动者包括政府部门、社会公众、专家、新闻媒体，其功能是挑选到合适的卖家，并确保能够公开地、廉洁地开展购买活动。项目实施阶段的核心内容包括社会组织负责向社会公众生产相关的产品和组织相关的服务活动，同时可能有合同内容的调整和动态管理。该阶段的主要行动者包括社会组织、公众和政府部门，其功能是实现产品和服务的有效生产与消费。绩效评估阶段的核心内容包括根据决策安排阶段以及购买合同书规定的内容对服务活动或者产品的绩效进行评估。该阶段的主要行动者包括政府部门、社会公众和专家，其功能是判别社会组织承担的服务活动效果。后期管理阶段的核心内容包括购买服务活动完成之后，根据相应的绩效评估结果，对相关的社会组织进行正向或者负向的激励。建立相关社会组织的项目绩效数据库，将这一数据库的记录与其未来获取项目的概率挂钩。该阶段的主要行动者包括政府部门和专家，其功能是激发社会组织参与服务民生活动的积极性。从上述分析中可以看出，购买服务实际上编制了一个巨大的互动网络，在每一个流程环节都有多个参与者在活动。政府对承包商的不断依赖，已经产生了交错编制的复杂网络，这种网络不仅不能管理自己，还给公共管理人员添加了新的更大的需求，应该说，在私有化理论的外表下面，已经产生

第六章　政府购买服务过程管理中的政社合作

了巨大而深刻的行政管理挑战[1]。

购买服务过程中竞争和自律机制乏力，需要专业严谨的过程管理。政府购买服务，不同于私人市场上的购买服务。由于私人市场存在着卖方之间的竞争机制，因而卖方之间能够因为竞争而形成一种市场自律，一般不需要买家对购买的过程进行严格的监管。但是政府向社会组织购买服务的过程中竞争性往往不太强。在中国这样一个社会组织不发达的国家，由于双重管理和一业一会的限制，公共服务的市场也不发达。对于一些专用性的服务而言更是如此。政府购买服务的项目一般最少都是以年为周期的，一旦签订合同之后，作为卖方的社会力量就可能存在不严格执行合同、节约成本的动机。合同签订之后就不存在竞争的压力，对于其所承担的项目而言，这个社会组织实际上是一个独占者。在这种情况下，竞争和自律的机制的作用有限，这就对政府的购买服务过程能力提出了更高的要求。

合同管理需要对购买服务进行过程管理。购买服务时期服务的生产通过委托的形式交给了社会组织，但并不意味着政府没有了责任。服务仍然是公共性质的，政府需要通过税收融资对服务的数量、质量和分布及其他遗留下来的事情做出安排。购买服务的过程管理能力直接影响到政府的治理绩效。例如，政府是否能够起草一个符合要求的合同，是否能够通过竞争机制签订合同，是否能够按照物美价廉的标准筛选出合同签订者，是否有足够的能力对合同执行的结构进行绩效评估，这些都是购买服务过程管理能力的核心内容[2]。购买服务合同管理应当有针对性

---

[1] MACMANUS S A. Doing Business With Government: Federal, State, Local and Foreign Government Practices for Every Business and Public Institution[M]. Paragon House, 1992.

[2] COHEN S, EIMICKE W. The Responsible Contract Manager: Protecting the Public Interest in an Outsourced World[M]. Washington D. C.: Georgetown University Press, 2008.

地对各个合同流程环节中可能出现的问题和风险进行有效管理。但是对于合同管理的流程，不同的人有不同的看法。例如，美国著名学者萨瓦斯把这些内容统称为公共服务合同的签约过程，并将公共服务合同订立过程分为如下 12 个步骤：考虑实施合同外包，选择拟外包的服务，进行可行性研究，促进竞争，了解投标意向和资质，规划雇员过渡，准备招标合同的细则，进行公关活动，策划管理者参与的竞争，实施公平招标，评估标书和签约，检测，评估和促进合同的履行[1]。

从成本的角度讲，政社合作治理是降低购买服务过程中外部成本的要求。政府购买服务实际上是将服务的内部供给转换成外部协调更多力量去实现更大量服务的供给。对于服务供给而言，这本身是一件好事，但前提是政府要有把好事做好的能力、方式和方法。把购买服务做好的标志就是，在降低政府内部管理成本的同时，通过能力提升、治理方式和方法的创新，降低外部交易成本[2]。要实现政府购买服务的绩效和效果提升，就要注意内部的交易成本和外部的交易成本的比较，只有当外部的交易成本小于原来内部的管理成本时，购买服务才是经济的。如果购买服务的外部交易成本大于原来政府内部的交易成本，那么购买服务就是不经济的，或者是浪费的。在政府进入向社会组织购买服务实行公共服务供给的时代，致力于降低政府与承接购买服务的各类社会组织之间的交易成本，就成为政府治理焦点议题之一。降低交易成本有两个努力的方向，第一就是政府将自己培养成为精明买主，提升过程管理能力。通常情况下，政府在能力建设方面的投入并不充足，所以常常在作为精明买主的问题上吃尽苦头。如果政府不开发自己作为精明买主的能力，

---

[1] SAVAS E. Privatization and Public‑Private Partnerships for Local Services[M]// Encyclopedia of Public Administration and Public Policy, Second Edition (Print Version). 2007.

[2] COASE R H. The Nature of the Firm[J]. Journal of Law Economics & Organization, 1988, 4(4): 3-17.

第六章　政府购买服务过程管理中的政社合作

那么就会产生第二种成本，那就是既无效率也无效力的项目所产生的实际负面成本，比如说污染，同时这种负面成本还会影响公众对政府的信任。要弥补自身在能力建设方面的投入不足带来的负面效果，政府还可以进行第二个方面的努力，那就是与外部的专业力量合作，对购买服务的过程进行合作治理。

从专业的角度讲，政社合作治理是购买服务过程管理中专业分工与综合协调的要求。购买服务的过程兼具综合性和专业性的特点。购买服务的过程涉及合同的签订、合同的实施及合同的监管，需要遵从法律的逻辑；涉及预算编写、执行及财务审计，需要遵从会计和财务的逻辑；涉及项目管理，需要遵从项目管理的逻辑；涉及需求调查、绩效评价等，需要遵从公共管理的逻辑。这些专业性的领域对购买服务过程管理的专业性知识和技术提出了很高的要求。与此同时，过程管理还需要把这些专业知识和能力很好地融合在一起。这就要求政府既具有专业的知识和能力，又具有综合性的协调能力。实际上，有的时候，政府在开发购买服务的过程管理能力方面所付出的成本是极大的，甚至面临着难以克服的困难。例如说，购买服务涉及的财务问题、法律问题、会计问题、绩效测量问题以及各个服务项目领域的专业性问题，这些专业性知识和能力带来的挑战，政府自身是难以克服的。比如说，政府在开发自己的能力方面面临着人员不足、时间不允许等方面的问题，为了更快速有效地实现对购买服务过程的专业化管理，政府往往会依赖第三方力量，把购买服务过程管理的一部分职能转包给其他的社会组织去做。这样一方面能够使专业性的力量迅速得到利用，另一方面又能够使政府摆脱繁杂的操作性事务，集中精力于筹资决策、需求决策以及战略性管理。这时，政府购买服务过程管理中的政社合作治理模式就出现了。

从秩序的角度讲，政社合作治理是购买服务作为多种秩序交织运作的要求。政府购买服务的过程是权力秩序、专业秩序和社会秩序的交集领域。社会组织的服务代表了社会秩序，政府的管理代表了权力秩序，而购买社会组织服务的过程中的财务会计、项目管理、合同法律、需求管理和绩效评价，以及专业化的服务项目，都体现的是专业秩序的逻辑。在实践中，权力秩序很难在短期内转变成专业秩序和社会秩序，也很难按照专业秩序和社会秩序的逻辑去运作。所以，需要通过政社合作对购买服务的过程进行治理，通过与社会组织以及专业力量的合作撬动专业秩序和社会秩序的力量发挥作用，从而降低政府通过购买服务向社会公众提供服务的运行成本和外部成本。通过政府内部生产和提供公共服务的过程，遵循的是权力秩序的运作逻辑，也就是政府通过层层命令控制的办法去供给服务。但是通过购买社会组织服务的办法供给公共服务，就需要实现权力秩序和社会秩序之间的合作。要通过购买企业力量去供给公共服务，就要实现权力秩序与市场秩序之间的合作。权力秩序的逻辑、社会秩序的逻辑、专业秩序的逻辑和市场秩序的逻辑之间在一定程度上是有距离的，甚至是相互竞争的关系。所以，要实现权力秩序、市场秩序、社会秩序及专业秩序之间的合作，就需要在治理结构上实现权力组织、市场组织、社会组织及专业组织的某种融合。通过合作，一方面使得权力秩序够撬动专业秩序、市场秩序以及社会秩序的力量，降低购买服务过程管理中的外部成本；另一方面也使得权力秩序能够逐步地学会和适应按照专业、市场以及社会的运行方式去和它们合作。当通过购买服务的办法逐步地实现了权力和市场、专业以及社会秩序之间的逐步融合，学会了与它们开展平等合作，那么合作治理和合作型的网络就出现了。这就改变了传统的以纵向命令控制的办法供给公共服务的运作方式，实现了一种网络化和扁平化的公共服务供给模式。它在某种程度上不仅仅是公共服务供给方式的改变，也是政府治理模式的改变，通过做事情的方式的变化，逐步地改变了组织主体的运行方式和运行逻辑。

政社合作能够为购买服务过程中的流程环节提供专业化和针对性的

咨询优化服务。在政社合作模式中，承担合作治理任务的社会组织能够为承接政府购买服务项目组织提供专业性的服务。例如，可以组织专家对项目申报、执行、结项等环节提供具有针对性和专业性的辅导和咨询服务；项目申报书的撰写、项目预算的编写，以及项目在法律方面的一些事务性需求等，都可以提供专业性的咨询和辅导。即使这样的社会组织来没有相应的专业知识和专家，它也可以通过在其业务领域的网络关系获得专业性的支持。借助于政社合作治理中的社会组织平台、各种专业性力量和专家可以以平等的身份参与到政府购买服务的过程管理中去，而不是在和一种权力的秩序进行对话和合作。所以，这种合作治理模式有助于专业秩序、社会秩序和市场秩序中的力量与权力秩序实现平等协作，减少权力秩序和专业秩序、市场秩序及社会秩序之间的距离感。

第三节 政社合作的实践模式和问题

经过23年的发展后，购买服务涉及面广，量大，资金多，需要对过程管理予以特别的重视，否则就会造成极大的浪费。据统计，2010—2015年，北京市社会建设专项资金投入4.011亿元，购买社会组织服务项目2732个，撬动配套资金4.34亿元……2016年，北京市社会建设专项资金拟投入6770余万元，购买社会组织服务项目491个。

从秩序的角度来看，购买服务是政府借助社会秩序和专业秩序的力量实现公共服务的增量供给，通过购买服务的方式实现了政府出钱、社会组织做事的公共服务供给新格局。从1994年，深圳罗湖区在环境卫生领域引入购买服务，发展到今，政府在购买服务过程管理的探索中，初步形成了政社合作的模式，具体表现如下。

第一，政府确定了购买服务的资金预算之后，会选择一个第三方组织作为依托，然后启动购买服务的议题。从实践的角度来讲，由于专业分工、知识分工的原因，政府工作人员并不能确切地知道究竟要购买哪些服务，也不清楚社会组织能够提供哪些服务。此外，购买服务涉及众多繁杂琐碎的操作性、事务性工作，工作量巨大，而相应政府部门的工作人员有限。通常采用的做法是，购买服务的政府部门会选择一个第三方组织作为依托来运行购买服务的流程。这个第三方组织通常是具有比较丰富的项目运营经验的社会组织或高等院校和科研院所。第三方组织的选择一般是通过公开招标的方式产生的。

第二，联合社会组织及专家提出购买服务目录，发布购买公告，召开购买服务动员培训会。一般情况下，相关政府部门的领导和工作人员对于购买服务只有一个领域性的偏好或者概念，他们并不清楚具体的服务项目应该是什么、服务项目分布的领域是什么以及承接购买服务的社会组织的能力和特长是什么。因此，购买服务的政府部门会联合负责购买过程运营的社会组织，通过咨询专家意见的方式提出一个比较宽泛的购买服务目录。在目录确定的过程中，政府部门发挥着掌握方向的作用；负责购买服务过程的社会组织发挥着桥梁纽带的作用，一方面要去收集政府的意见，另一方面要去汇集和吸收专家的意见；来自社会学、公共管理学等领域的专家则发挥着提供专业性咨询的作用。政府部门、专家和社会组织三方组成了一个购买服务过程管理的网络体系，在这个网络体系中实现了权力秩序、专业秩序和社会秩序之间的碰撞与融合。这在一定程度上弥补了知识分工和工作分工的短处，增强了权力秩序应对购买服务带来的能力挑战。购买服务的目录和公告发布之后，购买服务这一政策活动就从政府内部进入到公共领域，从而开启了社会组织参与购买服务的大门。为了实现购买服务项目的专业化和规范化运作，在公告发布之后，一般会组织召开面向社会组织的动员和培训会。在动员和培训会上，相关政府领导会出席并做政策性的讲话，同时又会组织法律、

第六章 政府购买服务过程管理中的政社合作

项目管理、申报书撰写、财务会计预算等方面的专家开展专业方向的培训。负责购买服务过程运营的第三方组织在这里面仍然发挥着桥梁纽带的作用，会务工作、咨询工作、信息平台包括微信群等都由它来组织，专家的协调和安排基本上也由其负责。这样的培训活动，使得具有一定原始秩序特点的社会组织能够通过专业方面的提升进入一种扩展秩序。

第三，项目的申报收集阶段是负责运营的第三方组织与申报组织之间的互动过程。在这个阶段，主要的内容是项目申报的社会组织与负责运营的第三方之间的沟通和交流工作，最终实现项目申报书的收集。一般情况下，购买服务的相关政府部门会让负责运营的第三方来与项目申报方之间进行沟通。政府关注度如果强一些，就会让第三方派一个或几个工作人员在申报期间常驻政府的办公场所坐班，以实现申报期间的常态化合作；政府控制程度如果少一点，那么就会让第三方独立地承担申报工作。当然，无论是哪一种情况，政府、第三方及申报项目的社会组织之间在项目申报阶段都会有非常频繁的沟通、解释、咨询等互动。

第四，进入到以专业视角审视筛选项目的立项评审阶段。在这个阶段，主要的行动者是相关领域的专家、申报项目的社会组织以及能负责运营的第三方组织。在这个过程中，由于申报项目数量巨大，负责运营的第三方组织会对申报的项目做出初步的筛选，初步筛选一般不会进行实质性审查，而是从形式合格的角度审查项目，筛掉一些不靠谱的项目，可以看作是项目初审。一般由负责运营的第三方组织立项评审会，评审的专家由财务专家、社会学、公共管理学等领域的专家组成。申报项目的社会组织进行现场答辩，对申报项目的意义与价值、可行性等做出说明，专家则从专业的角度去分析判断项目的必要性、可行性、规范性和价值。此外，评审过程中，由于专家力量的介入，会给一些申报项目提出专业性的指导意见，有些项目申报会得到再度优化的机会，项目申报方会根据专家的意见重新对项目进行审视设计调整、最终对每一个项目给出一个量化的结论性意见。负责运营的第三方组织拿到这个结论性的数据后，据此拿出确定立项的初步意见，然后向购买服务的政府部门汇报。政府部门最终确定并正式对外发布购买服务项目的立项结果。在这个阶段，政府相对处于比较超脱的地位。一般情况下，政府会尊重专家的意见和判断，但也不排除个别政府部门或官员对评审的意见进行干预或调整。

第五，进入社会组织主导的项目实施阶段。在项目的实施阶段，政社合作的作用空间相对比较小，主要集中在项目执行的监控和中期检查两个方面。在项目执行的监控中，控制能力较强的政府部门会要求负责第三方购买服务过程运营的第三方组织到每一个项目的执行现场走访1到2次，这样的走访基本上是由负责运营的第三方组织实施，在个别情况下也会邀请相关的专家到现场走访调查。项目实施过程中政社合作治理的第二个方面的体现在项目的中期检查中。项目的中期检查其实就是由负责运营的第三方组织的一次项目中期评审会。社会组织需要对的承担项目的实施情况以及面临的问题进行总结汇报。评审专家对项目实施状况进行检查，提出整改意见。评审专家也可以对项目提出指导性的意见和建议，这在一定程度上也是专业力量提供的一种辅助和辅导。

第六，进入到专业力量主导的结项评审阶段。结项评审阶段其实是社会秩序和专业秩序主导的阶段。这样一个阶段是由负责购买过程运营的第三方来组织，它们会组织相关专家对项目实施绩效评审。绩效评审一般采用的是会议评审的办法。由承接项目的社会组织撰写提交绩效报告以及相关的财务报告。在评审会上，承接项目的社会组织向专家说明项目的绩效目标的达成情况，并出示项目绩效的证明材料。专家方面则根据项目绩效指标完成情况以及绩效证明材料做出评审的结论性意见，财务专家从财务规范性的角度对项目的财务支出以及票据处理的规范性给出意见和建议。如果项目顺利通过，则给予结项的意见；如果项目有

第六章 政府购买服务过程管理中的政社合作

问题，则会给出整改意见。无论是结项还是整改的意见，最终都由购买服务的相关政府部门以它们的名义向社会组织通报。在这样一个过程中，我们可以看到，购买服务不仅是政府自身的事情，也不仅仅是权力运作的事情，需要借助专业的力量对项目做出评审和鉴定，这种评审和鉴定一般情况下是行政秩序难以做出的，所以也不适合由它们改变或取消。

从上面的分析中，我们可以看到政府购买服务取得了很大的成绩，不仅仅是购买了众多的服务项目，更重要的是在购买服务的过程中实现了过程管理的政社合作治理。购买服务过程管理中的政社合作治理，为权力秩序、专业秩序、社会秩序和市场秩序的互动合作搭建了一个制度平台。在这个制度平台上，在购买服务过程管理的各个阶段，我们会看到权力秩序的相对超脱和独立，专业秩序主导作用的发挥，以及专业秩序、社会秩序和权力秩序之间的有效对接。

但是一直到现在为止，政府购买服务过程管理依然存在着两个基本问题：首先，尽管购买服务项目数量多，规模大，涉及领域比较多，覆盖面广，但是服务对象和社会公众的获得感并不很强；其次，权力秩序对于专业知识和社会秩序的尊重还有比较大的改进空间。

从制度结构的角度来讲，服务对象和社会公众的获得感不强的主要原因是，购买服务过程管理的需求阶段、中间的执行阶段以及结果的评审阶段，作为消费者的社会公众是缺位的。公共服务的供给过程和私人服务的供给过程是截然不同的。在私人市场中，私人服务供给过程中，消费者是最直接的参与者，他们既参与生产过程，也参与消费过程，他们拥有服务的最终选择权、判断权以及评价权。私人服务是由消费方主导和驱动的。但是在购买服务的过程管理中，购买服务目录的确定遵循的是权力秩序和专业秩序的逻辑，购买服务项目是由作为卖方的社会组织提出的。最终购买服务项目的评审，遵循的也是专业的秩序。购买服务是由供给方主导和驱动的。在专业秩序下，做出来的项目可能存在专业性很强、形式上规范、开展的活动众多、活动的记录材料也很充分的特点，但是这些项目和活动在改善服务对象的生活状态中的效用，体现得并不是很充分。效用价值是主观的，专业的秩序和权力的秩序很难替服务对象和消费者做出消费购买服务后效用是否改善的真实判断。

从关系的角度而言，购买服务中出现的问题是权力对于专业知识和社会秩序的尊重不够。在购买服务的立项评审环节，制度设计上还存在着权力干预或者改变结果的作用空间。政府购买服务与私人在市场上购买服务是不相同的，私人在市场上购买服务没有多重的委托代理关系，一般情况下，采用的是消费者直接购买的办法。政府购买服务存在着多重委托代理关系，因为政府购买服务其实是政府用公共财政资金替社会公众向社会组织购买服务。在这样一种委托代理关系中就存在着委托代理的问题。作为利益个体来讲，政府工作人员存在着谋利的动机。从行为表现来看，现实中也的确出现了形式化购买、内部购买、虚假购买和关联交易等问题。从政府购买服务过程管理模式来看，不仅官员个人存在着干预、改变评审筛选结果的动机与行为，制度环节也为权力干预留下了作用的空间。

第四节 结论与政策思考

总体来看，政府购买服务过程管理中的政社合作模式是因为购买服务过程管理的专业性、职能分工、知识分工及政府部门人员力量不充足等原因而产生的一种合作治理。这种合作治理模式中的流程和环节为专业力量、行政权力和社会力量的互动融合提供了一个制度平台。但同时，这个制度平台还存在流程环节上的漏洞，主要表现在作为购买服务的消

第六章 政府购买服务过程管理中的政社合作

费者和社会公众既缺乏制度化的地位，也缺乏参与的制度空间；政府权力以及公务员个人干预购买过程，还存在较大的作用空间。

因此，从未来的政策方向上讲，主要应从三个方面进行努力。

第一，要从公众参与的角度继续完善购买服务过程管理中政社合作治理的制度环节。一方面，要将作为购买服务消费者的社会公众纳入到购买服务的流程环节中，在需求提出、目录确定、立项评审和绩效评价等环节，要让他们的需求偏好发挥作用。在中国，我们需要在制度设计中特别重视购买服务过程中的公众参与。建议在对购买服务的法规文件的修订中，将公众参与纳入其中。另一方面，要将购买服务的决策、选择和评价权利尽可能地落到购买服务的最小集体消费单位上来。例如，最近一两年来，评审实践中出现了街道办事处作为决策评价单位的情况，它们相对于省、市和区县政府而言，更加接近消费者，因而其所提出的项目的针对性和有效性会更强。因此，建议在购买服务方案设计中，特别重视最基本的消费单位的决策选择权利，例如在街道的基础上，可以探索社区、养老院、托儿所等公共服务的基本消费单位的决策选择权的落实。

第二，利用凭单制等新机制激活购买服务项目消费者的选择、监督和评价活力。通过机制创新的办法，在购买服务中用引入凭单制的办法，把公共服务的选择权、评价权以及能付费的权利转移到作为消费者的社会公众手中，这就可以有效地解决虚假购买、不符合偏好的购买以及监督评价等问题。因为凭单制创造了一种类似于市场中消费者和生产者之间的准市场关系，这种关系就使得购买服务的过程能够按照相互监督的办法去运作。例如，养老服务、助残服务、教育服务等服务项目可以设计成凭单制的形式，根据财政预算资金，向每名服务对象发放实名专用的三张卡片。作为消费者的服务对象可以根据服务供给绩效和满意度，付给提供服务的社会组织一张、两张或三张卡片，然后社会组织可以带着收到的卡片到政府部门兑换现金。这种机制设计就创造了类似于私人市场的服务供给模式，将消费者的选择、消费、监督及评价等嵌入到了服务供给的过程中。这样，一方面激活了消费者的动力，使其为了自身服务消费而监督，另一方面则弥补了政府及专业力量服务过程中的信息不对称等缺陷。

第三，进一步修改完善购买服务过程管理中政社合作治理模式和技术细节，最大限度地压缩权力干预购买服务的活动空间。具体可以在购买环节的评审立项、绩效评价等中间进一步增加专业力量的作用空间，让政府权力处于更加超脱的地位。一方面，要充分地借鉴政府采购方面招投标的成熟模式、经验和做法。例如，远程异地实时视频评标、现场抽取专家、评标筛选过程全程实况视频播放等方法，都是政府采购项目招投标过程管理中比较成熟的做法。政府购买服务过程管理应当充分地吸收利用这些做法，从而最大程度降低制度创新的成本，提升购买服务过程管理制度的创新。另一方面，也可以采用公开、参与的办法，将购买服务的过程置于公开监督的环境之中。例如，可以采用社会公众参与和媒体参与的公开办法，也可以充分借鉴政府采购中招投标管理的方法和技术。

通过制度以及运行模式的创新，政社合作模式使承接购买服务项目的社会组织得以借助专业的力量，提升专业化和规范化水平，进入到扩展秩序。同时，也进一步地规范了权力秩序，形成权力秩序和专业秩序的互动衔接。未来的努力方向是要让作为购买服务的消费者和社会公众有效参与到购买过程的管理之中去，让专业秩序、权力秩序和社会秩序等回归到作为消费者的个人秩序之中，因为只有他们是各种秩序的最终受益者、效果的检验者。

第七章　政府购买服务的需求管理模式和改革方向

近年来，中国政府购买服务覆盖面越来越广，规模越来越大。比如，这四年来，B市的购买事项由两大类共11项扩展到六大类共60项，支出达到600多亿元。然而，却不断有人质疑购买服务的有效性和公众获得感等。出现这些疑问的核心原因是政府购买服务缺乏有效的需求管理。"必须由公众从政治程序上确定优先发展的事情，而不是将其排除在外并将主导权交给参与购买服务的私人部门"[1]。

需求管理是围绕着购买服务内容由相关个体进行集体选择，对终端需求者的需求偏好进行揭示表达，凝练形成购买目录和项目的过程。这是购买服务过程管理的起点和提高购买效率的前提。如果公共机构的组织过程难以允许不同的服务群体表达他们的偏好，那么公益物品和服务的生产过程就不能反映其服务对象的偏好变化，这时，公共机构的支出与其服务对象的效用之间就没有什么关系。在难以给作为消费者的服务对象带来效用的情况下，生产者的效率是没有经济意义的。

---

[1]　莱斯特·M·萨拉蒙.公共服务中的伙伴：现代福利国家中政府非营利组织的关系[M].田凯,译.北京：商务印书馆,2008.

第一节 文献回顾

让政府的服务供给忠实地反映社会公众的偏好，一直以来都是公共行政学研究的焦点。传统公共行政和新公共管理更加侧重于效率，不管公众的偏好。传统的公共行政学以政治、行政二分为前提，将反映公众偏好的民主托付给了政治，集中精力于官僚体制建设以谋求效率。新公共管理则谋求通过公共服务的市场化和社会化改革提升效率，购买服务正是其核心策略之一。然而，片面的效率追求不断引发人们的反思。新公共行政强调公平和回应的重要性，认为除了效率之外，行政管理者还需要对公众情感负责以满足公众的偏好。坎佩尔（Campbell）和迈克斯威特（Mcswite）声称公民参与理论及其在公共管理中以全新的方式所起的作用是该领域面临的最重要的任务。"新公共服务""公共价值管理"和"新公民政治分析框架"等理论都一致强调，社会公众超越了选举人、客户、选民、消费者等身份，成为问题解决者、共同创造者和治理者。

此外，西方也出现了一批集中研究需求反映机制的实践导向性成果。一是公共服务的合作生产机制。该机制最早从合作角度讨论政府与公民间的关系。埃莉诺·奥斯特罗姆观察到大规模的警察部门并不能在实践中提供更好的警察服务，而一些由社群控制的警察部门则能够提供优质的警察服务，因为小规模的机构能更有效地与市民互动合作。二是公共服务全流程合作供给机制。这种新范式主张公务人员和公民合伙进行公共服务的设计和供给，将会有助于获得他们的利益、精力、专长和雄心。应当实现由政府或社会力量主导公共服务规划、设计、供给和评估的模式，转向政府或社会力量与公民用户合作规划、合作设计、合作供给和合作评估的模式。三是终端用户在公共服务采购过程中的参与机制。

一些学者基于私人企业客户关系方面的"价值合创"(value co-creation)理论,认为终端客户在公共服务购买过程中的积极参与不仅会大大提升客户个人获得的价值,而且还会改善公共服务及环境。终端客户最重要的价值提升只有在公共项目采购的设计环节的互动对话(interactive dialogue)中才能实现。

与国际相比,国内对购买服务过程中的需求管理还不够重视。令人欣慰的是,一部分成果已经认识到了满足需求方的偏好是购买服务的终极目的。例如,岳经纶提出"认清社会服务最终要回归人的需要和社会价值,机构的成败不单在于能否有效率地提供服务,还在于能否回应社会需要,赢得民众及合作方的信任"。个别学者主张将公民参与引入到政府购买服务的过程之中,因为缺乏有效的公众参与,就会导致政府所购买的公共服务不能满足公众诉求,得不到认同及违背政府购买公共服务初衷的问题。

然而,国内对购买服务的需求管理还缺乏深入研究。鉴于此,本文基于购买服务需求管理模式的类型分析,对比政府、社会公众及服务的生产者在不同需求管理模式中的角色,根据终端需求者和决策者的统一程度,诊断购买服务需求管理面临的难题。最后,分别从制度结构、方法技术和政策工具三个层面提出解决方案。

第二节 政府购买服务需求管理的实践模式

政府购买服务是指通过发挥市场机制作用,把政府直接提供的一部分公共服务事项及政府履职所需服务事项,按照一定的方式和程序,交由具备条件的社会力量和事业单位承担,并由政府根据合同约定向其支付费用。这种方式有两种购买服务：一是政府购买按照法定职责向社会公众提供的服务事项；二是政府购买履职所需的辅助性事项，包括法律服务和政策研究等。在前者中，政府是购买者，社会公众是终端需求者和消费者，社会力量是生产者。如果政府发挥作用大，就形成了政府主导的为社会公众购买服务的需求管理模式；如果政府发挥作用小，就形成了社会力量主导的为社会公众购买服务的需求管理模式。在后者中，政府是购买者和需求者，社会力量是生产者，形成了政府主导的为自身购买服务的需求管理模式，见表 7-1。

表 7-1 需求者、决策者复合程度和需求管理模式

需求管理模式	购买服务实践类型	需求者	购买决策者
需求者主导	购买履职所需的辅助性事项	政府机关	政府采购部门
决策者主导	购买公共服务	社会公众	政府职能部门
生产者主导	购买公共服务	社会公众	社会组织和政府

一、需求者主导的管理模式

需求者主导的需求管理模式是指需求管理的过程主要由终端需求者左右，购买决策主要是由终端需求者根据自身的偏好做出。政府为自身采购服务就是典型的需求者主导模式。在这一模式中，政府作为需求者提出购买服务的规模、数量、质量、规格标准及承接主体的资质要求，交给采购部门按照法定形式购买。采购部门承担的是程序化工作，实质性选择还是由需求者做出。

需求者主导的管理模式中，需求者和购买决策者的复合程度比较高，和私人市场上的购买行为类似。私人市场中的购买行为一般都是需求者根据自身内心的需求偏好亲自做出的购买行为，不存在委托代理问题。然而，二者也有差异。私人市场中的购买行为一般是个体选择，少有集体选择，不会出现偏好集中的过程。政府为自身购买服务一般是通过官

僚体制集权做出的。私人市场中的购买行为，个体消费者是服务的需求者和成本的承担者，因而会按照效率的方式进行购买，不存在夸大需求的问题，否则带来的成本最终还是由自己承担。政府采购服务中，政府部门是需求者，却不是最终的成本承担者，因为政府的支出最终都由财政承担，因而可能存在夸大需求的问题。

二、决策者主导的管理模式

决策者主导的需求管理模式是指在购买服务的过程中主要是由做出购买决策的组织进行需求表达并做出购买选择的模式。购买决策部门一般是政府职能部门，这些部门主要是为了履行公共服务职责而开展购买服务活动的。

从现实来看，政府部门在购买服务过程中的选择权力比较大、控制程度比较高，就形成了决策者主导的需求管理模式。在这一模式中，购买服务的部门对购买内容清楚，会制订详细具体的需求文件，甚至提出一个非常具体的项目购买方案，明确项目活动的时间、地点、目标人群以及实施效果等具体内容。例如 B 市 DC 区民政局婚姻登记处 2017 购买的"婚姻家庭法律援助和咨询服务项目"，要求承接主体每天指派一名法律工作者到婚姻登记处进行法律咨询工作，解决婚姻当事人有关婚姻家庭方面的法律问题。应当说，这是非常具体的购买服务项目，但是在购买过程中，终端消费者仍没有出现在购买的决策过程中。

虽然政府部门充当的决策者主导了购买过程，但面临着多重委托代理问题。终端需求者处于购买决策的过程之外。他们仅仅有权利选举代表组成代议机关，代表可以就社会公众关心的问题提出议案，政府领导会根据议案制定政策，根据工作任务选择用何种购买方式去供给服务。每一重代理人作为理性的个体，都有可能基于利益考虑偏离委托人的需求。要解决这个问题，"关键的任务是，使制定的决策基本上符合社群平均水平的需求，并尽量不与每个成员的偏好相差太远。否则，就会出现一些个人虽然交了税却享受不到符合自己偏好和需求的公共服务。

三、生产者主导的管理模式

生产者主导的需求管理模式是指由购买服务的"卖方"来左右购买服务内容选择过程的方式。尽管在这种模式中也存在着购买决策部门，但它们只是给出一个宏观的购买服务指导性目录，具体项目内容由申报购买项目的社会组织设计。

从现实的角度来讲，由民政部门集中管理的民生服务购买活动采用的都是这种需求管理模式。这类服务多是针对老年人、残疾人、儿童等需求不确定的人群，他们作为终端需求者在决策过程中是缺位的。民政部门等主持购买服务的部门提出一个购买方案，方案列出方向性的购买目录。例如贵港市2016年政府购买服务实施方案中的购买内容列出了原则性的方向："下列事项可通过政府购买服务的方式，从市场组织供给。1.基本公共服务事项。基本公共教育、劳动就业服务、人才服务……"

在此模式中，"政府部门划圈子，社会力量出点子，财政部门出票子"。社会组织根据经验及感性的认识设计项目，提出目标、受益人群和绩效等指标。例如，针对52家全国性社会组织的调查数据显示，购买项目以本社会组织的提出为主，政府与服务对象的建议少量分布，由本社会组织提出的项目占到了总数的90.38%，政府建议的项目占5.77%，服务对象建议的项目占3.85%。由此可见，绝大部分项目是由社会组织提出设计的。社会组织设计项目主要是根据自身经验而非终端需求者的偏好。调查数据显示，超过50%的社会组织是基于对终端消费者需求的主观感知而非客观调查提出项目设计，其余社会组织则是根据调查、购买目录、正在开展的工作或专家的建议等提出项目设计。

生产者主导的需求管理模式反映需求方偏好的有效性比较差。从理论上讲，生产者可以通过需求调查发现终端需求者的偏好。然而由于激励机制的不足，社会组织不会像企业那样认真开展需求调查。企业需求管理是激励兼容的，需求管理带来的收益或损失都由企业承担。如果需求调查无效，生产的产品不符合市场需求，企业甚至会破产。而作为购买服务生产者的社会组织却不受兼容性激励的约束。因为，购买服务项目的成本是由公共财政资金负担，即使不符合需求，生产者也不用负担成本，更不会破产。

第三节 政府购买服务需求管理模式面临的难题

在不同的模式中，由于主导者不同、委托代理、信息不对称及购买服务制度框架的缺陷等原因，购买服务需求管理实践中出现了需求主体缺位和偏好被替代的难题。

一、管理模式中需求主体缺位

除了政府为自身购买服务之外，在决策者和生产者主导的需求管理模式中，普遍存在着终端需求者严重缺位的问题。从1994年深圳罗湖区的环境卫生领域中引入购买服务开始至今，国家已经出台了一系列政策，初步搭建起了购买服务过程管理的制度框架，对行动者的权利义务关系做出了初步规范。然而，这些制度框架的不足之处是核心利益相关者不完全，尤其是终端需求者严重缺位。对现有制度文件的总结如表7-2所示。

表 7-2 购买服务的制度框架及核心行动者

文件	需求服务需求确定	购买项目筛选	服务项目生产	绩效评价
《国务院办公厅关于政府向社会力量购买服务的指导意见》	政府研究制定购买服务指导性目录,明确购买服务种类、性质和内容	公开招标、邀请招标、竞争性谈判、单一来源采购、询价	按时完成服务任务,保证服务数量、质量和效果	由购买主体、服务对象及第三方组成综合性评审机制
《财政部关于推进和完善服务项目政府采购有关问题的通知》	政府自身运转需要的服务需求集中由采购部门提出;其他服务项目需求由购买主体提出,向社会公众提供的公共服务项目需求确定过程应当征求社会公众意见	购买、委托、租赁等各种合同方式筛选承接主体	按时完成服务任务,保证服务数量、质量和效果	以人为对象的公共服务项目,验收时还应按一定比例邀请服务对象参与并出具意见
《政府购买服务管理办法(暂行)》	财政部门制定购买服务指导性目录,确定购买服务的种类、性质和内容。购买主体应当加强服务项目标准体系建设,设定服务需求和目标要求	公开招标、邀请招标、竞争性谈判、单一来源采购等方式	按时完成服务任务,保证服务数量、质量和效果	购买主体应当建立监督检查机制,加强对政府购买服务的全过程监督

表 7-2 表明终端需求者在购买服务的流程中基本缺位,只有在绩效评估的过程中才会被征求意见。财政部出台的《财政部关于推进和完善服务项目政府采购有关问题的通知》提出了加强政府采购服务项目采购需求管理这一概念,但只是要求行政机关加强需求管理,而不是要求对终端需求者进行需求管理。

从总体上来看,除了政府为自身购买服务之外,其余两种需求管理模式在治理结构上都没有将终端需求者和决策者有效地统一起来。购买

第七章 政府购买服务的需求管理模式和改革方向

服务的制度框架是以政府为中心,而不是以终端消费者为中心。决策者和生产者主导的需求管理模式都存在终端需求者偏好被作为决策者或生产者偏好所替代的问题,出现了严重的供需错位。根据我们的访谈,公务人员反映实践中已出现了"三有三不"的问题,即"有需求,得不到购买;有资金,花不出去;有项目,不对胃口"。

二、生产者主导的管理模式中社会公众偏好被社会力量需求替代

在政府发布目录而购买服务项目由社会力量具体设计的情况下,会出现社会公众的需求被卖方偏好替代的问题。目前,政府购买服务目录多数太过于宽泛,例如,《大连市公共行政服务中心政府购买服务指导性目录》所列出的基本公共服务只有一级目录,没有二级目录和三级目录,这其实操作性相当低。这就为社会力量留下了较大的操作空间,购买什么最终就取决于社会力量能卖什么了。虽然有着非营利的动机,但是社会组织等社会力量也是按照理性人的逻辑来运作的。现实中就出现了作为卖方的社会力量根据特长虚构、夸大社会公众在某方面的需求的问题。在终端需求者缺位、政府部门不完全了解需求信息的情况下,作为卖方的社会力量可以凭借在项目设计方面的专长及信息垄断优势而主导购买服务过程。具体表现为,社会组织会根据既有的项目经验和自身的擅长领域,而不是社会公众的实际需求去设计申报项目。实践中甚至出现了某些社会组织用同一个项目到不同政府部门进行重复申报的问题。例如,在购买服务评审实践中,我们发现某些社会组织设计申报的项目原来在某城市 A 区做过,后来原样搬到 B 区申报。有些项目发放财物多,培训讲座多,不可替代性的服务少,能力培育少。有些社会组织进入社区做项目时,活动开展得比较好,居民参与度比较高,但项目结束后,社区又陷入过去的困境中。其根源在于终端需求者——社会公众并未被当作政府购买服务治理结构中的核心行动者,这导致了项目的

形式化运作,难以和服务对象进行实质性对接,难以实质性地提升公众的获得感。

三、决策者主导的管理模式中社会公众需求被政府绩效偏好替代

当政府严格控制购买服务项目设计时,管理模式就由生产者主导变成了政府主导,因而也可能出现政府偏好替代需求者偏好的问题。政府提出的具体项目设计在一定程度上缓解了卖方驱动的问题,但仍然可能存在着政府与社会公众的需求脱节的问题。具体表现为,首先,政府会购买那些容易量化、规模化的服务甚至是上级政府布置的硬性规定任务等自身的职责工作,而不是根据社会公众需求开展购买。例如,2017年《北京市通州区安全生产监督管理局政府购买服务指导性目录》列出了四个一级目录,分别是基本公共服务、社会管理性服务、技术性服务和政府履职所需辅助性事项,但是基本公共服务的三级目录只有4项,而政府履职所需辅助性事项的三级目录则多达12项,是前者的3倍。这说明政府对自身的购买需求更加了解。其次,在需求者缺位的情况下,很容易出现生产主体想方设法满足或者取悦于政府部门而忽视了公共服务终端消费者——公民需求的问题,造成选择性购买或者供需错位的现象。例如,2007年发布的《四川省体育场馆节假日免费对公众开放补助办法(试行)》,明确向全省各地体育馆购买每年30天的免费开放时间,2016年成都市27家体育场馆公布了对社会公众免费开放的时间表,但免费时段仅限于上班时间,一到周末又恢复收费,这与多数市民的需求恰好"错位"。最后,购买服务中的多重委托代理使得做决策的公职人员可能会因为自身或者相关组织利益的考虑而偏离需求进行购买。例如,有些购买决策可能并不是考虑社会公众需求什么,而是考虑关联组织能生产什么。

第四节　政府购买服务需求管理的改革方向

政府购买服务只是将服务的操办过程外包了，进行过程管理尤其是需求管理和结果管理等仍然是政府的职责所在。就购买服务的需求管理而言，重点需要在理念、治理结构和政策工具等方面进行突破性创新。

一、推动决策者、生产者主导管理模式向需求者主导管理模式转变

从购买服务的治理结构来讲，当需求者和决策者统一时，需求管理面临的问题会有效地得到解决。市场中的多数购买行为是在需求者和决策者统一的情况下做出的，购买者根据自身需求做出决策，承担决策的责任。由于公共性和规模效应，政府购买服务的需求者和决策者很难完全做到完全的复合统一，但应将二者的复合统一作为政府购买服务制度结构改革的努力方向。当两个主体的复合统一程度较高时，社会公众需求偏好被替代、委托代理、信息不对称和监督激励不足等问题都会得到有效缓解。

要实现需求者和购买决策者复合统一的关键，是让需求者成为决策者，或者让需求者尽可能实质性地参与到购买决策过程中去。这就需要改革购买服务的流程。具体而言：第一，尽可能地让终端需求者成为购买决策者，政府要发挥财政资金的使用者、监督者和冲突解决者的作用，要让老年人、残疾人、儿童等各类公共服务的需求者形成集体消费单位，通过集体选择进行购买决策，发挥项目筛选者和绩效评价者的作用；第二，即使有些服务覆盖面大，对象分散难以形成集体消费单位，那也应该将购买过程中的公众参与制度化，通过听证会等形式让终端需求者在需求提出、项目设计及评审过程中有发言权和选择权。

二、在方法技术层面落实需求者主导的管理模式

在方法技术层面，要将需求管理作为购买服务过程管理的一个焦点模块进行精心设计。在政府购买公共服务过程中，需求说明是至关重要的。恰当的需求说明、需求论证、需求确定、需求治理是成功采购的基础。应着眼于需求管理，制定出台政府为自身购买履职所需辅助性事项和政府为社会公众购买公共服务事项的操作规范。政府为自身购买履职所需辅助性事项的操作规范应当纳入到《政府采购法》的规范范畴之内，按照政府采购的流程和规范进行操作。

政府为社会公众购买公共服务事项的操作规范要更加突出需求管理的地位。要设计作为购买决策者的政府、作为终端需求者的社会公众及作为服务生产者的社会组织等社会力量之间有效的需求互动机制。第一，要促进需求者、购买决策者和生产者三者之间的有效对话。建立多方间对话群体和网络，更加突出三者间对话的交互性，赋予终端消费者更多的实质性选择权利。第二，培育终端需求者的参与能力。向终端需求者提供信息，让他们充分了解购买服务的政策、目录、方案及潜在生产者等信息。同时，要对终端需求者开展培训，提升他们在购买服务过程中的参与能力。当前比较重视对作为生产者的培训，而忽视了对终端需求者的培训。第三，重点开发终端需求者的价值。调动终端需求者参与购买过程和服务生产过程的积极性，激励他们像在市场中维护自身权益那样去监督购买服务项目的生产者。

三、引入凭单制赋予服务终端消费者以购买选择权

落实终端需求者的需求选择，除了在制度结构和方法技术层面努力，还可以通过政策工具创新实现突破。例如，凭单制就可以有效地通过模拟市场的方式，实现服务的需求者决策者、责任者和评价者的复合统一。

例如，针对残疾人、儿童和老年人等群体的购买服务项目可以引入凭单制而落实他们的选择权。在调查的基础上，政府向某些人群发放凭

单，通过招投标等方式确定提供服务的社会组织，持有凭单的终端消费者根据需求在组织间选择消费。消费完成后，根据满意度支付凭单。例如，非常满意，支付三张凭单；比较满意，支付两张；一般，支付一张。拿到凭单的社会组织可以到财政局兑换现金。这样，通过给终端消费者发放凭单形式，赋予他们服务消费的选择权和评价权。在现实实践中，针对儿童的培训，政府只需要知道适龄儿童大体需要哪些培训，然后筛选符合条件的培训组织，赋予它们承接购买服务项目的资质，持有凭单的儿童根据自己的具体需求选择消费相应的培训服务。这样就形成了政府把握宏观方向，终端需求者和服务生产者在微观层面自主选择的格局。凭单制通过赋予终端消费者实质性选择权，而有效地解决了购买服务中的供需错位问题。

四、结语

政府购买服务这一政府治理创新实践，已经改变了中国的公共服务供给模式。然而与政府购买服务过程的复杂性相比，学界还缺乏对服务需求方、购买决策者和生产者之间在过程管理尤其是需求管理中作用关系的系统研究。本章以需求者、决策者及生产者在确定购买服务内容过程中角色地位的重要性为依据，对中国政府购买服务需求管理模式进行类型划分，分别是需求者主导的需求管理模式，决策者主导的需求管理模式和生产者主导的需求管理模式。研究发现，后两类模式普遍面临着终端需求者缺乏有效参与的制度空间和偏好被替代的难题。这些难题需从制度框架、治理机制和工具三个层面努力，尽量实现需求方和购买决策方复合统一的需求管理模式。然而，即使作为一个分领域，购买服务的需求管理仍然是复杂的，本章只是提供了导论性分析，希望能够引起理论界和实践界对这一问题的持续研究。

第八章　政府购买服务立项评审过程管理

购买服务立项评审过程就是从众多的社会力量申报者中筛选出最符合购买服务的政府机构要求的承接者的过程。这一过程是政府购买服务决策的关键性环节。对这一过程进行有效管理是成功购买服务的前提。

第一节　政府购买服务立项评审过程的制度规范

立项评审是购买服务决策的关键性环节，这一环节如何操作，需要在相应制度规范的框架结构内运行。从出台制度规范的部门层次来看，这些制度规范既包括国家层面的，也包括地方层面的，还包括组织层面的。这三个层面的制度规范构成了购买服务立项评审的制度结构。

一、国家层面的制度规范

从国家层面来看，制度规范并没有对政府购买服务的立项评审做出详细的规定。购买服务立项评审过程是重要的环节，但是 2020 年财政

第八章 政府购买服务立项评审过程管理

部颁布的《政府购买服务管理办法》并未对此做出明确规定。办法中涉及购买服务决策环节的规定性内容仅仅表述为"政府购买服务项目采购环节的执行和监督管理,包括集中采购目录及标准、采购政策、采购方式和程序、信息公开、质疑投诉、失信惩戒等,按照政府采购法律、行政法规和相关制度执行"。立项评审是什么?立项评审的环节步骤是什么?每一个环节步骤如何操作?这些都没有明确的规定。因此,立项评审具体如何操作,缺乏依据。

制度规范对购买机制的规定是比较抽象的原则性规定。例如,2013年国务院办公厅发布的《国务院办公厅关于政府向社会力量购买服务的指导意见》(国办发〔2013〕96号)对于购买服务的过程做出了一般性规定。办法指出:"建立健全项目申报、预算编报、组织采购、项目监管、绩效评价的规范化流程。"对于购买服务的立项过程仅仅原则性地规定:购买工作应按照政府采购法的有关规定,采用公开招标、邀请招标、竞争性谈判、单一来源、询价等方式确定承接主体。虽然《中华人民共和国采购法》对在什么样的情况下使用公开招标的形式购买服务、在什么样的情况下使用邀请招标、在什么样的情况下使用竞争性谈判、什么样的情况下使用单一来源购买服务以及在什么样的情况下使用询价的方式等有着比较明确的规定,但是这些规定是否都能够移用到政府购买服务实践中?政府购买服务有没有什么特殊的情况需要特殊考虑的?这些问题在国家层面的制度规范中都还没有明确的规定。一个例外是民政部、财政部出台的《关于政府购买社会工作服务的指导意见》。该意见规定购买程序包括四个环节:一是编制预算,二是组织购买,三是签订合同,四是指导实施。在组织购买的环节中,该意见对于在什么情况下采用公开招标、什么样的情况下采用邀请招标、竞争性谈判等购买方式做出了初步的规定。购买原则上应通过公开招标方式进行。对只能从有限范围的服务机构购买,或因技术复杂、性质特殊而不能确定具体服务要求、不能事先计算出价格总额的社会工作服务项目，经同级财政部门批准，可以采用邀请招标、竞争性谈判方式购买。对只能从唯一服务提供机构购买的，向社会公示并经同级财政部门批准后，可以采取单一来源采购方式组织采购。

二、地方层面的制度规范

由于国家层面对政府购买服务立项评审的制度规范比较有原则，因此多数地方政府也没有从制度层面进行过多的探索。从我们在北大法宝数据库的检索结果来看，只有少数几个地方政府的财政部门出台过相关管理办法或者意见。

处于改革开放和社会治理改革前沿阵地的广东省在这方面率先进行了探索。广东省财政厅2012年8月份出台了《广东省财政厅关于政府向社会组织购买服务竞争性评审的管理办法》。该办法是根据《中华人民共和国采购法》和《政府向社会组织购买服务暂行办法》制定的政府向社会组织购买服务供应方竞争性评审的管理办法。这一办法对政府向社会组织购买服务的立项评审做出了分类处理的规定，将政府购买服务项目分为一事一议事项项目和常规性事项项目两大类。一事一议类项目式指预算金额300万元以上的项目，重大民生事项或省委、省政府因工作需要临时确定的重要事项；常规性事项项目是指纳入政府部门预算安排、属于政府向社会组织购买服务目录范围内的项目。前者由财政厅委托第三方通过公开招标方式购买，后者则通过竞争性评审选择确定项目的承接方。竞争性评审实施主体应当委托代理机构通过竞争性评审确定供应方，与代理机构之间形成委托代理协议。广东省规定，常规事项的竞争性评审分为三种具体情况：第一种是预算金额在公开招标数额标准以上的项目，按照招标程序执行；第二种是预算金额在公开招标数额以下但不低于10万元的项目，采用竞争性评审的办法；第三种是预算金额低于10万元的项目，政府部门自行选择其他合规的竞争性方式确定供应方。从这个管理办法看，竞争性评审主要是第二种情况。

山东省财政厅2020年7月出台了《山东省政府购买服务竞争性评审和定向委托方式管理办法》，对竞争性评审和定向委托的程序步骤做出了规范。该办法对竞争性评审和定向委托两种购买方式分别做出了规定。和广东省规定的不同之处是，山东省对通过这两种方式购买服务，是否需要借助于代理机构实现，没有做出强制性的要求。广东省的办法规定应借助于代理机构进行购买服务。山东省的办法则设定了一个比较灵活的选择环节，规定购买主体具备组织项目购买程序能力的，可以自行组织实施；不具备相应能力的，可以委托第三方代理机构实施。除此之外，山东省的办法对竞争性评审和定向委托的参与主体、流程环节分别做出了规定。

三、操作层面的制度规范

负责操作落实的第三方组织在实施的过程中，对购买服务项目的立项评审做出了详细的规范，制定了比较全面的操作细则。从上面两个部分可以看出来，中央政府和地方政府对于购买服务立项评审的制度规范并不是很健全。但是各个地方都在大力推进政府购买服务实践。《中国财经报》报道，2021年，全国政府购买服务支出达到4970亿元，其中公共服务支出3479亿元，占比70%[1]。这么大规模资金的购买行为，对各个购买主体的购买行为规范性的要求比较高。因此，在购买服务的主体部门没有做出详细规范的情况下，作为代理机构的第三方组织一般情况下需要对立项评审的过程和程序给出严格的规定，这样它们才能更好地进行操作实践，否则容易导致现实中的混乱或者纠纷冲突的增加。

无论是中央政府还是地方政府，要将购买服务活动落实下来，就需要通过操作方案实现。操作方案进一步将各个层面的制度规范，结合部

---

[1] 吴宇宁.2021年全国政府购买服务支出达4970亿元[N].中国财经报，2022-03-17.

门、地区或者需求方的要求进行了细化。民政部每年推出的中央财政支持社会组织参与社会服务项目都会印发《中央财政支持社会组织参与社会服务项目实施方案》。方案会就申报承接服务项目组织应当具备的条件、项目评审和立项等内容做出规定。例如,《2022年中央财政支持社会组织参与社会服务项目实施方案》规定的立项评审包括三个方面的内容。(1)评审。民政部、项目实施地民政厅(局)组织专家对相应的申报项目进行评审,包括申报项目的主要内容、实施地域、受益对象、预算的编列、社会和地方财政资金的配套、疫情防控等方面风险防范应对等情况。项目评审中,优先考虑项目的示范作用发挥及实际可操作性。(2)立项。民政部根据评审专家评审结论,审核立项建议名单后予以立项,确定项目执行单位。(3)预算编制审核。民政部对立项项目预算进行审核,予以认可或者提出调整意见[1]。

---

[1] https://www.mca.gov.cn/article/xw/tzgg/202204/20220400041596.shtml

第八章 政府购买服务立项评审过程管理

> **专栏8.1　2016年中央财政支持社会组织参与社会服务项目评审流程**
>
> 第一步：组建评审委员会。2016年1月25日前，社会企业研究中心抽取专家组建2016年项目评审委员会。
>
> 第二步：由评审委员会对社会组织申报材料进行立项评审。主要审查：
>
> 1. 申报单位的资质，包括其年检结果、评估等级、社会声誉、财务制度、工作队伍、执行能力和相关经验；
>
> 2. 申报项目的主要内容、实施地域、受益对象、进度安排、预期目标和社会效益，项目所体现的必要性、示范性、创新性、可行性；
>
> 3. 预算的编列、社会和地方资金的配套情况。同时，项目评审中，优先考虑面向民生、面向群众、面向基层、发挥实际作用的项目；优先考虑在特定领域发挥独特作用、具有典型示范作用的项目；优先考虑体现社会组织特色的项目。
>
> 所申请项目一般是已经开始实施并具有一定成效的项目。2015年社会组织运行和项目审计中出现重大问题的不予考虑；不资助基建、研究、宣传类活动，从严评审讲课、图书赠送等受益对象宽泛的项目。
>
> 第三步：形成建议名单。评审后，汇总全国性社会组织和地方社会组织排序情况，形成2016年立项建议名单。

资料来源：https://files2.mca.gov.cn/www/201512/20151221105844661.pdf.

一般而言，作为代理机构的第三方组织要组建评审专家委员会，制定立项评审的指标体系、操作规范或者手册。对于政府部门而言，它们实际上去操办购买服务的活动任务重、压力大，因而通常的做法是委托第三方代理机构操办。这样一来，作为操办方的第三方代理机构就需要制定具体的立项评审方案、立项评审的指标体系，并且具体组织实施立项评审活动。作为第三方的代理机构要组建评审专家委员会，要设定评审的会议流程。由于购买服务项目除了设计相应领域的业务服务内容之外，还涉及财务资金预算问题。因此，评审专家委员会成员既要包括业务服务方面的专家，又要包括财务方面的专家，有的时候为了更加深入地理解购买服务项目的需求，评审专家委员会还可能包括项目需求方的专家。例如，某个第三方代理机构组建的评审专家委员会由2位项目专家、1位财务专家和出资方（需求发布单位）代表组成。

除了组建评审专家委员会，设计制定科学合理的指标体系是立项评审过程管理的重要任务。例如，山东省高青县发展和改革局拟通过竞争性评审方式，购买高青双语学校学费及住宿费成本审核、高青县集中供热站供热价格成本审核项目。虽然该项目并没有委托第三方代理机构组织立项评审活动，但仍然设计制定了比较详细的评审指标体系。该项目主要是成本审核服务，因此对于项目申报单位的审计人员的能力和资质有着较高的要求，对申报单位的项目经验也有着较高的要求。该项目立项评审的指标体系主要由项目业务业绩、技术服务、价格三个一级指标构成，具体如表8-1所示。评审组成员根据指标体系对项目申报书的内容逐项审查，并实名打分。

表8-1 高青县发展和改革局购买审计服务项目评分指标体系

序号	评分项目	项目内容	标准说明	分值
1	业务业绩	项目人员组成	专业审计人员数量，包括主审和助理人员	20
		公司相关业绩	近三年业绩（以合同或协议为准）	10
2	技术服务	项目计划	项目实施方案、人员配置、进度安排等	30
		服务质量	项目管理制度、应急预案等。	10
3	价格			30
4	总分		100	

资料来源：http://www.gaoqing.gov.cn/art/2021/3/24/art_4600_2096210.html

第八章 政府购买服务立项评审过程管理

第二节 政府购买服务立项评审过程的流程环节

购买服务立项评审的流程环节是购买服务决策过程的核心环节。这些环节直接确定了向谁购买服务。能否筛选出一个合适的项目承接单位，直接关系到项目是否能够顺利得到落实。从实践操作的角度来看，立项评审的流程环节包括一般性流程、评审会流程和评审会后的流程三个部分。

一、立项评审一般性流程

由于要和采购法对接，不同类型的购买服务项目立项评审的流程环节有所差异。例如，前述的广东省关于立项评审的制度规范将购买项目按照预算金额分类，预算金额在公开招标数额标准以上的项目走招标程序，对于预算金额小于招标数额但大于10万元的项目实行竞争性评审机制。竞争性评审的程序包括如下几个步骤：（1）政府部门委托代理机构开展竞争性评审；（2）代理机构设定评审指标体系和规则；（3）代理机构组建评审小组，委托项目的政府部门派一人参加，但不得担任组长；（4）代理机构组织开展评审活动；（5）评审小组向代理机构提交评审报告；（5）代理机构公示评审报告；（6）代理机构向政府部门送交评审报告；（7）确定供应方；（8）政府部门向中标供应方发放中标、成交通知，向未中标单位、成交单位发出采购结果通知书；（9）政府部门与中标供应方签订购买服务合同；（10）报财政厅备案。

二、立项评审会的流程

一般情况下，如果采用竞争性评审机制购买服务，就会组织专家召开立项评审会。立项评审会的主要内容是对项目的内容、计划、预算等方面的内容进行评价。具体而言，购买服务项目的立项评审会一般由四个环节构成。

第一，申报承接项目的组织汇报项目内容。立项评审会的第一个环节是申报承接项目的组织向专家展示汇报项目设计的内容。通常来说，要重点汇报的是项目的需求调查、服务项目的绩效目标指标、项目的执行方案和计划，以及项目的财务预算等方面的内容。项目需求调查信息是项目存在的基础，这是购买服务项目的必要性。通常而言，申报承接购买服务项目的组织需要就所要开展的项目服务对象进行调查，了解他们的需要以及需要的程度。通常而言，这构成了购买服务项目需求管理的核心内容。需求的存在意味着服务对象主观上的需要和客观的现实之间存在着矛盾，客观的现实条件不能满足主观的需要。因此，就需要通过购买服务的方式改变客观的现实条件，才能满足主观的需要。也就是说，主观需求和客观现实之间的不一致构成了问题，购买服务项目其实就是为瞄准问题解决而设计的。

项目设计的绩效目标和指标构成了解决问题、满足需求的程度。这其实是承接购买服务项目的组织做出的一个设想和承诺。绩效目标的清晰度、准确度和可行性是衡量它们的重要维度。评审专家会重点考查这些方面的内容。项目设计的绩效目标和指标既包括量化的部分内容，又包括定性的部分内容。如果项目设计的目标是改善服务对象的状态，在很多情况下需要设计前测和后测的对比实验，这样才能更加清晰地确定立项的绩效目标、指标。

在汇报完项目目标和指标之后，重点要汇报的就是项目的执行方案和计划。这是直接关系到项目是否能真正地落地和落实的关键性方面。因此，申报承接购买服务项目的组织要基于组织项目经验、掌握的资源等方面的内容，重点汇报项目落地执行的计划。

项目的财务预算是申报承接项目的组织要重点汇报的内容之一。购买服务的组织要支付相应的费用，他们最为关心的是购买的服务项目是否物有所值。

第八章 政府购买服务立项评审过程管理

第二，评审专家组与申报承接项目的组织就项目内容交涉互动。在项目组介绍项目内容之后，专家组的专家会对项目的内容进行提问，澄清和确认一些相关事项。一般而言，专家们会围绕着项目需求信息的准确性、真实性以及需求调查数据的可靠性进行质询，对项目落地的可行性进行质询。

第三，评审专家组对项目内容进行打分。一般情况下，专家组会按照项目评审的指标体系与设计的项目内容进行比对打分。通常而言，这些指标体系是第三方代理机构提前设计的。专家组的成员根据自身对项目的理解和判断进行打分。打分后，作为第三方的代理机构会将每位专家的打分结果进行汇总计算，算出平均分。然后根据分数对申报承接的项目排序，为最终确定购买服务项目的承接单位提供最为真实可靠的依据。

第四，评审专家碰头反馈讨论环节。在申报承接项目的组织汇报项目内容之后，每位评审专家基本上是独立打分。在打分环节之后，汇报项目的组织退场之后，各位专家会碰头就每一个项目的情况进行交流讨论，结合各自打分的情况评，说每一个项目的优点和缺点。按照少数服从多数的规则对每个项目做出结论性的意见。如果说打分环节是做出量化的评审结论，那么反馈讨论环节做出的则是质性评审结论。二者相结合，评审专家就会对申报承接的项目做出真实有效的评价。

立项评审会一般遵循的是上述的三个环节和步骤，但个别第三方机构对立项评审会的环节也会做出微调。例如，有的第三机构将申报同一服务项目分为一组，每组项目评审开始前，安排了3分钟准备时间，让专家熟悉、比较同一组的项申报目书。之后是项目的汇报时间，一般控制在6分钟左右；然后是项目的答辩环节，一般控制在10分钟左右。同一个组的所有项目汇报和答辩之后，专家和出资方代表就参评的项目进行点评和交流，一般控制在3分钟左右。

三、立项评审会后的流程

立项评审会结束意味着立项评审的核心工作结束了,但并不意味着所有的立项评审活动都完成了。其实在立项评审会之后,还有一些工作需要进行。这些工作虽然不是立项评审的核心内容,但是同样会对项目的执行产生较为显著的影响。立项评审会后的流程基本一般情况下包括如下几个环节。

第一,项目优化建议。尽管立项评审会结束了,有些项目在评审过程中胜出了,但这并不是说这些项目就没有问题了。在立项评审过程中胜出,只说明这些项目设计在和其他项目设计相比较的过程中,具有一定的优势。一般情况下,评审专家在项目评审和交流讨论环节指出项目设计仍然存在的不足之处。第三方的代理机构会将专家的意见汇总起来,反馈给中标的项目申报单位,要求它们继续完善项目设计的相关内容。这个阶段其实是双方围绕着项目设计开展的互动协商过程。在双方互动协商的过程中,项目设计的目标和预期绩效指标将会更加明确,且更加符合需求方的要求。也许双方认同项目目标和预期绩效指标,但会围绕着专家提出的关于项目实施方案和计划展开协商讨论。

第二,项目公示。项目评审会结束后,第三方的代理机构会将评审专家打分的结果和初步遴选出来的项目承接单位名单提交给购买服务的政府部门。在购买服务的政府部门确认之后,就进入了项目公示阶段。对于拟立项的项目进行公示时,公示的信息要完整,要公示项目的名称、项目中标机构、公示时间、联系人等方面的信息。

第三,签订购买合同。项目公示期结束后,如果没有异议,那么就进入到了购买服务项目合同签订阶段。这个阶段由购买服务的政府部门和申报承接服务项目的组织签订服务合同。合同中一般会明确甲乙双方的权利义务关系,明确服务项目的内容、服务地点、服务期限、服务项目的质量标准和要求、合同金额及报价明细等方面的内容。合同将双方

第八章　政府购买服务立项评审过程管理

围绕购买服务的关系固定了下来，为后续双方的行为提供了最基本的依据。在合同签订之后，接下来就进入到了项目实施阶段，购买服务的过程管理就进入到了合同管理环节。

第三节　政府购买服务立项评审过程的参与主体

政府购买服务项目的立项评审过程是购买服务过程管理的关键环节，这个环节确定了购买服务项目主要利益相关方之间的权利义务关系，因而主要的利益相关方基本上都会参与到立项评审过程之中。一般情况下，参与购买服务项目立项评审过程的主体包括服务项目的供应方、评审专家委员会、第三方代理机构和服务项目的需求方。但在一些特殊情况下，不同购买模式中服务立项评审过程的参与主体不同。

一、服务项目的供应方

服务项目的供应方是申报承接购买服务项目的社会力量，既包括社会组织，也包括企业。服务项目的供应方是购买服务项目的具体设计者，他们是立项评审过程的主要活动主体。他们在立项评审过程中要汇报展示设计的购买服务项目，力争获得评审专家的认可。

什么样的组织能够成为服务项目的供应方，由政府部门的购买服务办法和方案确定。这些办法和方案会对服务项目的供应方提出一些条件，符合条件的组织才能成为供应方。在有些特殊情况下，作为自然人的个人也可能成为服务项目的供应方。例如，《吉林省药品监督管理局政府购买服务实施细则》规定，依法成立的企业、社会组织、公益二类和从事生产经营活动的事业单位，农村集体经济组织，基层群众自治组织，以及具备条件的个人可以作为政府购买服务的承接主体。

除了这些条件之外，购买服务的部门也可以提出其他的条件，限定承接服务项目的供应方的范围。例如，《昌平区回龙观街道二拨子社区购买楼门美化项目招标公告》中规定了申报主体的基本条件，要求供应方必须是在民政部门登记的社会组织、昌平区回龙观街道备案的社区社会组织、已认证的回天地区社会企业。同时要求供应方如果是正式登记的社会组织上一个年度年检必须合格。

二、评审专家委员会

评审专家委员会是购买服务项目立项评审过程中必不可少的参与主体。如上一节所述，评审专家委员会在立项评审过程中的主要功能是对申报的项目进行评审打分。他们是专业性力量的代表，应当对相应服务领域有着比较深入了解的专家。

从结构的角度来看，评审专家委员会至少由两部分专家构成，一部分是业务领域的专家，另一部分是财务预算方面的专家。业务领域的专家在评审过程中对购买服务项目专业业务方面的内容把关，财务预算专家则重点对购买服务项目的资金安排和预算编制把关。购买服务资金一般情况下是纳入政府财政预算范围之内的，因而对资金使用的规范性有着严格的要求。同时，如果承接项目的供应方是社会组织，还要严格执行非营利组织会计制度。因而，财务预算专家是评审专家委员会中必不可少的构成部分。

服务项目的需求方是否进入评审专家委员会，在不同的购买方式中是不同的，在不同的地方情况也不同。一般情况下，当政府部门直接为供给公共服务或者辅助行政职能购买服务的时候，需求方会参与到评审专家委员会之中。当某一个部门集中购买服务的时候，则需求方不会参与到评审专家委员会之中。尤其是在民政部门的社会建设办公室购买的民生服务类项目，这些项目基本上并没有明确地对应某个政府部门的职责范围，因而就存在一定程度的模糊性。同时，这些服务项目的购买资金也不来自政府职能部门的预算。这个时候，要求政府部门人员参与评审专家委员会是不容易操作的。例如 B 市基本上采用的社会建设专项资金。这些资金并没有纳入到职能部门的预算，因而职能部门不会对这些资金的使用情况负责。民政部门面向社会组织推出的购买服务目录列出的是扶老助老服务类、关爱青少年儿童类、扶残助残服务类、促进居民融合类、专业社会工作服务类等。

为了推动购买服务评审专家委员会的规范化建设和运行，个别地方政府专门出台相应的规范文件。从国家层面来看，财政部 2016 年出台了《政府采购评审专家管理办法》，规定了评审专家的基本条件，以及评审专家抽取和使用的基本程序和要求。从逻辑上看，纳入公开招标的购买服务项目应当同样适用《政府采购评审专家管理办法》中的管理规定。但是对于不符合公开招标条件，采用竞争性评审等方式的购买服务项目，如何遴选和使用评审专家，还需要进行进一步的规范。深圳市民政局印发的《政府购买社会工作服务项目评审专家管理办法》（深民规〔2021〕1 号）对此进行了比较详细的规范。该办法规定市区民政部门负责组建政府购买社会工作服务项目评审专家库。评审专家由相关职能部门工作人员、社工行业专家、高校及科研院所专家学者、法律专家和财会专家等组成。其中，相关职能部门工作人员占比不高于 20%，社工行业专家占比不低于 40%，高校及科研院所相关专家、学者占比不低于 30%，法律和财会专家占比不高于 10%。每次评审专家委员会的组成从专家库中抽取，评审专家委员会由 5 名以上评审专家单数组成，原则上同一类别的专家不超过 2 人。评审专家抽取过程中，如果与服务项目供应方之间存在利害关系，应当回避。

三、第三方代理机构

第三方代理机构是否参与购买服务项目的立项评审过程取决于购买服务的政府部门是否委托了第三方机构。并不是每一个购买服务的政府部门都会委托第三方机构组织开展立项评审活动。如前所述，广东省关于政府购买服务的办法规定购买服务的政府部门应当委托第三方代理机构开展购买活动，而山东省的购买服务办法则允许有能力开展购买服务活动的政府部门自行组织活动，不必委托第三方代理机构。

第三方代理机构参与政府购买服务项目的立项评审过程，是程序性的参与，不是实质性的参与，不能够做出实质性的选择和决策行为。第三方代理机构在政府购买服务项目立项评审过程中，主要扮演的是服务者的角色。第三方代理机构其实是代理政府部门组织操办购买服务的立项评审活动。它们一般情况下需要做的事情包括：收集申报项目的供应方的申报材料、通知协调评审专家、租借安排会议场地、打印评审材料、总结评审结果、辅助评审结果公示与合同签订。

有的第三方代理机构会更深入地参与到购买服务过程管理之中。例如，北京市回龙观天通苑地区的回天地区政府购买社会组织服务管理平台是由作为第三方的昌平区社会组织联合会负责运营的，该平台试图围绕政府购买服务运行的生命周期打造全链条的闭环服务系统。该平台联通了需求方和供给方，回天地区的政府部门、街道乡镇和社区作为需求方，可以在平台上发布购买服务的项目需求信息，在平台上注册的社会组织则可以针对项目需求信息申报承接相应的项目。这样一来就实现了第三个功能，那就是供需对接，同时该平台还致力于推动项目监测和服务评价等阶段的活动。

上述的三方一般情况下会参与到政府购买服务的立项评审过程之中。但是在实践操作过程中，具体情况则可能各不相同。当各个政府部门为自己购买服务时，则不一定要委托第三方代理机构组织购买服务的立项评审过程，政府部门可能作为需求方参与到立项评审的专家委员会之中。这个时候，这种购买服务就属于一种分散化的购买方式。现实中也可能出现，由一个独立的部门专门负责购买服务项目的过程管理，这

第八章　政府购买服务立项评审过程管理

个时候由于购买服务的项目数量多，管理过程的工作量大，因而就很可能要委托第三方代理机构操办购买服务立项评审过程的事务性工作。

在这种方式中，参与购买服务立项评审过程的主体就会包括服务项目的供应方、评审专家委员会及第三方代理机构。这种方式属于多主体参与购买的情形。但作为购买服务项目的需求方不一定参与到立项评审过程之中。

第九章 政府购买服务项目的结项评价机制

　　政府购买服务过程管理中的检验购买服务效果的结项评价管理机制的具体内容是什么？购买服务结项评价管理的实践经验是什么？购买服务结项评价管理机制面临的问题是什么？如何更好地完善政府购买服务结项评价管理机制？这些问题都是值得深入研究的重要问题。对政府购买服务结项评价管理机制的研究将遵循理论分析、典型案例分析和政策分析三步走的研究思路。理论分析部分集中于基本概念的界定和相关理论基础的分析。概念界定部分将会分别界定政府购买服务、结项评价和结项评价管理机制等基本概念。典型案例分析集中运用B市P区开展政府购买服务结项评价管理的材料，基于实践经验阐述它们开展政府购买服务结项评价的实践活动。

第九章 政府购买服务项目的结项评价机制

第一节 基本概念

2000年之后,政府购买服务开始大规模地推广开来。2003年《政府采购法》颁布,政府采购及政府购买服务等概念广泛地流传。

一、政府购买服务

虽然政府购买服务的实践已经比较普遍了,但人们对使用什么概念称呼这一现象还存在着不一致的地方。例如有些称之为"政府购买公共服务",有些称之为"政府购买服务",有的学者使用"公共服务外包""公共服务合同外包""公共服务社会化""公共服务市场化"等不同的概念。与之相关的概念还包括"政府采购""公私部门伙伴关系""民营化"和"社会化"等。

在本书中,我们称之为"政府购买服务"。采用这一名词而不是其他名词的主要原因是中国政府出台的法规文件采用了这个名词。例如《政府购买服务管理办法(暂行)》的文件名称直接使用的就是"政府购买服务"这个名词。

为了符合规范以及大众对这一概念的普遍理解,我们在本书中对政府购买服务的内涵界定也采用《政府购买服务管理办法(暂行)》的官方界定。所谓政府购买服务,是指通过发挥市场机制作用,把政府直接提供的一部分公共服务事项以及政府履职所需服务事项,按照一定的方式和程序,交由社会力量和事业单位承担,并由政府根据合同约定向其支付费用[①]。

从这一概念中,我们可以看到购买的主体是政府,购买的内容是公共服务事项以及政府履职所需服务事项,承接主体是社会力量和事业单位。

[①] 财政部,民政部,国家工商管理总局. 关于印发〈政府购买服务管理办法〉(暂行)的通知 [EB/OL].

二、结项评价

结项评价从字面的意思理解就是项目执行完成后，申请项目结项时开展的评价活动。人们普遍采用"绩效评价""绩效评估"等概念来称呼这一现象。但从实践的角度来看，结项评价不仅仅是对项目绩效进行评估，还可能对项目执行是否符合规范进行评估，尤其是对是否符合财务等方面的规范进行评估。因此，我们采用结项评价这个大众在实践中约定成俗的名词。

结项评价是相对于立项评价而言的。因为采用项目评价这个概念时，人们有时候比较难以分清是结项还是立项的评价，因此我们采用结项评价这个概念专指项目结束时所开展的评价活动。结项评价主要是针对项目的结果开展的评价活动。评价的依据一般情况下是项目立项时提出的项目目标和任务。

从形式的角度来看，结项评价一般采用会议答辩或者是专家对项目文件档案进行查阅和评价的方式进行。

三、结项评价管理机制

财政部 2018 年出台了《财政部关于推进政府购买服务第三方绩效评价工作的指导意见》，该结项意见对购买服务的结项评价管理机制进行了比较详细的规定。根据该意见，政府购买服务结项评价可以组织第三方机构开展绩效评价工作，购买服务的主体承担第三方机构结项评价的具体组织工作；第三方机构依法依规开展绩效评价工作，并且对评价结果的真实性负责；承接购买服务项目的社会组织等社会力量则应当配合开展结项绩效评价工作。

根据上述制度规范，我们知道所谓的结项评价管理机制是围绕政府购买服务项目结项评价活动的各方主体及彼此之间的关系。具体而言，政府购买服务结项评价管理机制是调解规范政府购买结项评价活动中的承接政府购买服务项目的社会组织等社会力量、对项目绩效进行评价的业务专家和财务专家、出资购买服务的政府及事业单位等组织以及它们之间关系的规范体系。

具体而言，本书中所谓的结项评价管理机制包括：结项评价中的行动者，结项评价的内容、结项评价的指标体系，结项评价的流程环节以及各方主体在结项评价流程环节中的角色、地位和功能。

第二节 理论基础

政府购买服务结项评价管理的相关理论主要包括民营化理论、委托代理理论、购买服务过程管理理论和绩效管理理论。

一、民营化理论

民营化理论的主要贡献者之一是被称为民营化大师的萨瓦斯。他在《民营化与公私部门伙伴关系》一书中系统地梳理和展示了他的民营化理论。民营化是将由政府拥有或实施的功能回归到私人领域的过程。民营化的方式比较多，萨瓦斯认为推动民营化的方式主要包括三类，分别是委派、撤资、替代。在委派部分就要看外包(contract out)，就是政府与民营企业签订合同，把一部分由政府承担的物品或服务转由民间办理。本书探讨的主题购买服务就是外包，是政府将公共服务职能、社会管理性职能和政府履职所需要的辅助性服务转包给社会组织及其他民间力量承担。

二、委托代理理论

20世纪30年代，美国经济学家伯利和米恩斯提出了"委托代理理论"。该理论主要讲述的是委托人和代理人之间的关系。由于委托人和代理人之间存在着信息不对称，代理人就可能会背离委托人的利益而按照自身的利益行事。在信息对称的情况下，代理的行为就会被委托人察觉，因而代理人按照自身的利益行事就会被委托人发现，从而会导致委托代理关系的终结。

在政府购买服务的实践中，作为购买方的政府机关和事业单位是委托人，而作为承接政府购买服务项目的社会组织等社会力量是代理人，二者之间同样存在着信息不对称的问题。当承接政府购买服务项目的社会组织等社会力量进入项目实施阶段的时候，作为委托人的政府机关对项目的实施过程是难以了解的。因此，政府就需要对过程进行管理，从而引入了督导机制。除此之外，政府还需要对结果进行管理，从而引入了结项评价机制。

三、绩效管理理论

要对政府购买服务项目开展结项评价，就必然涉及绩效管理。所谓绩效管理，就是围绕组织和员工的目标，设定相应的绩效计划指标，开展绩效结果评价，使用绩效评价结果等一系列活动组成的系统性过程。绩效管理源于私人部门，主要是用于对私人企业开展绩效管理。

绩效管理在政府购买服务中的应用主要体现为结项评价管理。依据《政府购买服务绩效评价办法（征求意见稿）》，政府购买服务绩效评价分为财政部门开展的针对购买主体和承接主体的综合绩效评价（"综合评价"）和购买主体针对承接主体开展的服务绩效评价（"服务评价"）。虽然不同类型的项目的评价的指标体系不尽相同，但仍然有一些共性的指标体系。《河南省政府购买服务绩效评价暂行办法》表明，《财政部关于印发〈预算绩效评价共性指标体系框架〉的通知》（财预〔2013〕53号）为设立政府购买服务项目绩效评价的共性指标体系提供了重要参考。

一般而言，政府购买服务项目绩效评价的内容包括：购买服务资金预算编制过程中的绩效目标设立情况；执行过程中的绩效目标实施进度；

项目完成后的绩效目标实现程度、效果及存在问题；项目实施对经济社会发展产生的影响等；服务对象的满意度等；财政资金使用情况；需评价的其他内容。

绩效目标应当包括以下主要内容：预期产出，包括提供的公共产品和服务的数量、质量、成本和工期控制等；预期效果，包括经济效益、社会效益、环境效益和可持续影响等；服务对象或项目受益人满意程度；达到预期产出所需要的成本资源；衡量预期产出、预期效果和服务对象满意程度的绩效指标及标准值等。

第三节　B市P区政府购买服务结项评价管理机制案例分析

一、P区政府购买服务发展情况

P区于2017年首次建立区级社会建设专项资金用于购买社会组织服务。在开始购买服务的阶段，P区就采取了第三方组织作为绩效管理评估机构管理政府购买服务运作过程中的方式。2017年，经项目申报、专家评审、网上公示和P区社会办审定，共有26家社会组织的28个项目获得批复；聘请北京公益服务发展促进会为第三方绩效管理评估机构负责项目的全程监管。9月，P区社会组织的28个项目共计开展活动62次，服务P区居民4762人次。

根据《北京市P区社会建设工作办公室关于申报P区2019年度政府购买社会组织服务项目的通知》（昌社办发〔2019〕1号）文件的精神，2019年P区共向社会组织购买50个服务项目。

P区民政局2020年度政府购买社会组织服务项目共计发布购买社

会组织服务需求56项，主要内容包括社区(村)治理类、社区(村)青少年服务类、社区(村)为老服务类、社区(村)志愿服务类、社区物业提升类等8类需求。共收到有效申请160份，80家单位参与申报，最终55个需求项目成功立项，涉及47家机构。

除了具体的购买服务项目，P区还大力推进了购买服务的制度建设。其中非常重要的一项制度安排就是制定政府购买服务指导性目录。P区政府各职能部门制定了指导性目录，各个街道和乡镇政府也制定了指导性目录。我们在P区政府网站检索"购买""目录"两个关键词，共得到了278条结果。从购买服务指导性目录的内容分析来看，P区的购买服务目录是在北京市统一目录分类框架的指导下制定的。例如，P区某街道办事处的购买服务目录包括三大类：一是基本公共服务，二是社会管理性服务，三是政府履职所需辅助性服务。

二、政府购买服务结项评价管理的内容

（一）P区政府购买服务结项评价的行动者

结项评价是一项活动，这项活动的相关行动者围绕政府购买服务项目结项评价这项活动进行互动，每一个行动者按照结项评价管理的机制采取相应的行为，最终形成结项评价的结论和结果。从P区政府购买服务结项评价管理的实践来看，结项评价的行动者及各自在结项评价活动中的角色分别如下。

第一，参与项目结项评价的专家。一般而言，政府购买服务结项评价的参与人员包括：3名结项评价专家，其中有2名项目业务结项评价专家和1名财务结项评价专家。业务结项评价专家听取项目汇报，查阅项目总结材料后，在项目结项评价打分表中对项目打分。其中业务专家和财务专家在各自的打分表中打分。

第二，结项评价小组工作人员。一般情况下，作为结项活动组织方的第三方运营组织会委派2名工作人员，在结项评价组组长主持下，协

助项目结项评价工作。工作人员的职责主要包括：（1）负责人员签到、结项报告和评分表等资料的收发、现场秩序维护等工作；（2）负责评委打分统计、项目得分核算、结项人得分排名、项目结项评价结果汇总等工作。

由于工作人员在结项评价过程中会接触购买服务项目结项评价的财务及绩效评分，他们也会负责分数的统计、核算等，因此工作人员的态度和行为会直接影响到结项评价结果的公正与否。比如负责P区政府购买服务项目结项评价运营的第三方社会组织北京市XY促进会对工作人员制定了较为严格的工作纪律。

工作人员纪律的主要内容包括：（1）不得将结项评价组成员的联系方式或其他私人信息对外透漏或扩散；（2）不得试图影响或干预评委的结项评价工作或评价意见；（3）不得向结项评价组之外的人员或组织透漏与结项评价工作有关的情况；（4）不得将结项评价活动中结项报告的结项评价和比较、候选人推荐情况以及其他与结项评价有关的情况对外透露或扩散。

（二）P区政府购买服务结项评价的流程环节

以2017年度P区政府购买社会组织服务项目结项评价实践为例，我们发现结项评价管理主要的流程环节包括以下几个。

第一，结项评价会议准备环节。在结项评价组会议中，需要完成的任务包括：（1）评委和工作人员签到；（2）工作人员组织结项评价组评委、工作人员在结项评价小组会议前进行签到。在准备环节中，评价组的组长还会向本组的评价专家通报对评价会议的安排情况。具体的通报结项评价工作的内容一般包括：（1）结项评价项目数量；（2）结项评价时间安排；（3）结项评价流程：会议公布结项评价流程及注意事项；（4）结项评价纪律。

第二，结项会议评价环节。在各个结项评价会议中，评价环节一般由三个阶段组成。(1)承接项目的社会组织向业务专家和财务专家汇报项目实行情况、绩效情况以及相关的档案材料,出示证明项目绩效的支撑材料,包括活动的照片、签到表等档案资料。(2)评价组的专家针对项目的汇报和档案资料提出相关的问题,项目执行的组织要回答专家提出的问题。评价组会议的核心任务是围绕着项目申报书、项目协议中的预期目标及产出指标进行审核评价。业务专家围绕项目产出目标、绩效指标与项目组进行深入的交流沟通,同时对相关档案材料进行讨论。(3)财务专家则针对项目的财务账目的规范性与承接项目社会组织的财会人员进行交流沟通。

第三,项目结项评价评分环节。经过会议的沟通交流之后,购买服务结项评价就进入到了评价评分阶段。在评分阶段,工作人员将项目的汇报书和评分表分发给各评委。评委在现场审阅结项报告,与承当项目的社会组织互动交流之后,根据购买服务项目绩效评价指标体系,在绩效评价表中对项目的专业化程度、成本收益分析、社会影响力、项目执行有效程度和财务管理状况等5个方面进行评分(评委评分保留小数点后2位),并给予结项评价意见。评分结束,工作人员收回结项报告。

第四,分数统计和做出评价结论环节。同一项目的所有结项报告结项评价结束后,工作人员收回评分表,对不同评委、不同结项报告的评分进行统计,计算该项目不同结项报告的综合得分(综合得分保留小数点后两位)。综合得分=(评分1+评分2+评分3)/3+财务评分。分数统计结束后,填写《项目评分统计表》《项目结项评价结论表》。

第五,结项评价汇总环节。所有项目结项评价结束后,工作人员根据结项评价结果进行结项评价汇总,填写《项目结项评价汇总表》。结项评价结束后,由组长召开小组结项评价会议,总结各项目结项评价情况。

（三）P区政府购买服务结项评价的指标体系

P区政府购买服务结项评价已经连续开展了三年，构建了比较符合实际情况的结项评价指标体系。这一指标体系由一级指标和二级指标构成。其中一级指标包括项目专业程度、成本效益分析、社会影响力度、执行有效程度和财务管理状况等。项目专业程度下设8个二级指标，成本效益分析下设5个二级指标，社会影响力度下设6个二级指标，执行有效程度下设9个二级指标，财务管理状况下设6个二级指标。详细情况如表9-1所示。

表9-1　P区政府购买服务结项评价指标体系

一级指标	二级指标
项目专业化程度	1.1 项目设计理论基础
	1.2 服务理念与操守
	1.3 项目问题瞄准程度
	1.4 项目模式专业化程度
	1.5 服务领域技术专业性
	1.6 项目内容公益性
	1.7 项目总结反思
	1.8 项目档案整理
成本效益分析	2.1 项目服务质量与预期质量对比
	2.2 项目成本与预期成本对比
	2.3 人员配置投入与实际需求对比
	2.4 资源调动情况与实际需求对比
	2.5 实际效果与项目金额对比
社会影响力度	3.1 项目社会成果
	3.2 项目媒体报道
	3.3 项目研究与拓展
	3.4 项目示范推广性
	3.5 项目模式创新性
	3.6 项目可持续影响

续表 9-1

执行有效程度	4.1 项目进度安排
	4.2 项目风险控制
	4.3 项目实施氛围
	4.4 项目人员安排
	4.5 项目活动效果
	4.6 项目配合情况
	4.7 项目指标达成情况
	4.8 自我评估与实际符合度
	4.9 服务对象（或相关方）满意度
财务管理状况	5.1 资金使用规范
	5.2 财务制度完善
	5.3 财务资料真实、齐全
	5.4 预算执行情况
	5.5 对外付款的合规性
	5.6 项目完税情况

资料来源：根据P区政府购买服务文件整理。

三、P区购买服务结项评价管理的经验

P区政府购买服务结项评价管理机制在实践中比较成功地实现了项目的运作。这些结项评价管理实践为我们提供了相应的经验，具体如下。

（一）由第三方组织结项评价过程

P区政府购买服务结项评价管理机制从开始的时候就引入了第三方社会组织总体上运作结项评价过程。主要原因是政府每年购买的服务项目比较多，作为购买主体的政府部门人员、精力和专业知识有限，他们比较难以有效地开展对购买服务项目的结项评价。从P区来看，利用社会专项资金购买服务的项目主要是由区民政局和社会工作委员会组织的，但无论是民政局还是社会工作委员会，它们的工作人员都比较有限，

尤其是在两个机构合并后，一个科室总共也就三四个工作人员，如果让它们投入大量的时间精力开展购买服务结项评价管理工作，就没有时间去处理其他更加重要的事项了。

P 区的第三方社会组织在政府购买服务结项评价管理方面积累了比较丰富的经验。从 2017 年开始，第三方社会组织就开始在 P 区参与购买服务项目的监督评价工作。在项目的实施环节，它们作为第三方组织进行过程督导。在项目的结项环节，它们作为结项评价的组织者组织业务绩效专家、财务专家对项目的绩效开展评价。此后第三方社会组织一直持续承担对 P 区购买服务项目的监督评价工作。结项评价的指标体系在三年间根据项目的实际情况进行了多次修改调试。同时，第三方社会组织也建立适合 P 区政府购买服务项目内容的专家库。

（二）结项评价的独立性比较强

P 区的政府购买服务项目结项评价管理过程独立性强，主要体现在以下几个方面。

第一，项目结项评价会的组织过程是比较独立的。在这样一个评价过程中，作为政府购买服务项目委托方的政府机构或者事业单位并不直接参与政府购买服务项目的结项评价过程。这样就避免了政府权力对服务项目评价的干扰。政府购买服务项结项评价主要由第三方社会组织在专家库中随机邀请的业务绩效专家和财务专家对项目汇报以及项目材料进行打分。

第二，政府购买服务结项评价指标体系由作为第三方的社会组织来组织相关专家起草制定，而不是由委托购买服务项目的政府机构或者事业单位来制定。这样就保证了评价指标体系的独立性、客观性以及专业性。

第三，政府购买服务项目结项评价的评分过程由两名业务绩效专家和一名财务专家独立打分，最后在他们独立打分的基础上进行汇总和平均计算。这样也保证了专家独立和客观地做出对购买服务项目绩效的评价。

（三）结项评价兼顾财务规范性和项目实效

P区政府购买服务项目的一个突出特点就是它的评价不仅仅聚焦于业务绩效，而且非常重视财务的规范性。这主要体现在以下两点。

第一，P区政府购买服务项目结项评价会必须要由一名财务专家出席，财务专家对项目的财务指标进行打分。在打分环节中间，严格地依照财务规范性的标准进行评价和判断。

第二，P区政府购买服务项目结项评价会，作为承接项目的社会组织，必须要将项目的财务资料包括凭证带到结项会的评价现场，由财务专家进行评审，并且根据材料进行打分，同时承接项目的社会组织应当指派与该项目相关的财会人员出席结项会，在结项会上由财会人员回答财务专家提出的关于该项目的财务规范性方面的问题。

第四节　政策启示

政府购买服务形成了公共服务供给的新形式，有助于在增加公共服务项目数量、提高公共服务质量的同时，保证政府机构的正常运行。但是政府购买服务对于政府的过程管理提出了更高的要求，尤其是对于政府购买服务项目的结果好坏的判断能力提出了更高的要求。

P区政府购买服务项目结项评价管理的实践探索，对我们进一步完善政府购买服务结项管理评价具有重要的政策启示意义。具体如下。

一、要引入专业的第三方负责购买服务结项评价工作

《财政部关于推进政府购买服务第三方绩效评价工作的指导意见》

第九章 政府购买服务项目的结项评价机制

明确规定各级财政部门负责政府购买服务第三方绩效评价制度建设和业务指导，必要时可直接组织第三方机构开展绩效评价工作。该意见对于第三方机构提出了比较具体的要求，严格按照政府购买服务相关规定，择优选择具备条件的研究机构、高校、中介机构等第三方机构开展评价工作，确保评价工作的专业性、独立性、权威性。该意见出台后，选取天津市、山西省、吉林省、上海市、江苏省、浙江省、河南省、四川省、贵州省、深圳市等10个省、直辖市、计划单列市开展政府购买服务第三方绩效评价工作试点。

P区委托第三方组织开展政府购买服务项目结项评价三年多的实践经验表明，找到合适的第三方组织是实现成功的结项评价管理的重要条件。P区委托的第三方组织是由北京市长期从事公益事业实践及理论研究的专家、学者、热心公益事业的爱心人士于2000年自愿联合发起成立，并于2012年正式经北京市社会团体登记管理机关核准登记的5A级社会组织，具有公益性捐赠税前扣除资质。

因此，我们建议政府部门和事业单位在大规模开展购买服务活动的起始阶段，就要筛选到实力比较强的合适的社会组织作为第三方，对政府购买的服务项目的实施过程进行监督指导，对政府购买服务项目的结项评价管理机制进行系统性的设计。

二、结项评价管理机制要有效激活所有相关行动者

结项评价管理是购买服务项目相关方对项目目标实现情况进行核查的过程，这一过程的基础是获得项目执行过程和结果的相关信息，比对项目预期目标和实际的执行结果，从而对项目是否实现了预期目标做出判断。如果项目执行过程和结果信息真实可靠，并且实现了预期目标，那么购买服务项目结项评价就应该获得通过；相反，则购买服务项目结项评价就不能获得通过。

购买服务项目结项评价面临最大的难题就是信息不对称。作为承接

购买服务项目的社会组织，它们也是理性人，也会存在隐瞒或者夸大项目执行过程和绩效的动机。因此，我们要解决信息不对称的问题，一方面就要求承接项目的社会组织尽可能多地提供购买服务项目实施过程和结果的相关图文资料信息，另一方面则要尽可能多地激发与项目相关的行动者的积极性。

P区委托第三方开展政府购买服务项目结项评价管理机制中，不仅动员了对项目业务知识比较了解的业务绩效专家，而且动员了财务专家参与到结项评价会中。与此同时，购买服务结项评价还要求承担项目督导的第三方提供对项目实施过程督导的记录材料，要求承接购买服务项目的社会组织提供服务对象满意度调查记录表。这些过程都是尽可能地动员与购买服务项目实施和结果相关的行动者参与到对项目的结项评价过程中来，从全方位的角度提供信息透视项目的过程和结果，缓解信息不对称问题。

三、结项评价与承接组织的规范化建设相衔接

结项评价的过程既是对项目实施过程和结果的评价判断过程，也是对承接购买服务项目的社会组织自身的规范化建设进行检验的过程。因此，我们认为要充分地发掘利用结项评价管理机制和结项评价这个活动，推动结项评价与承接购买服务项目的社会组织的规范化建设衔接。

P区委托第三方开展政府购买服务项目结项评价管理机制中涵盖了财务专家的评价，这部分评价内容不仅仅是对一次性项目的财会账目的评价，还包括对承接购买服务项目的社会组织的财会管理制度的评价。同时，财务专家与承接购买服务项目的社会组织的财会人员就项目的账目交流互动的过程，也是对他们进行实操性培训的过程，这必然有助于社会组织财务的规范化建设。

P区委托第三方开展政府购买服务项目结项评价指标体系中，还包括对承接政府购买服务项目的项目管理制度等方面的内容。这毫无疑问

也会促进承接购买服务项目的社会组织的制度化建设。

第五节 结论

第一，委托第三方社会组织开展政府购买服务结项评价是一种合理、有效、低成本的政府购买服务绩效评价管理机制。P区通过委托第三方社会组织对政府购买服务结项评价管理机制进行了有效的探索，形成了一套独立性强、评价结果准确的经验。

第二，委托第三方社会组织开展政府购买服务结项评价，能够有效地调动相关的行动者形成比较完善的购买服务结项评价流程环节，制定符合购买服务项目内容的指标体系。P区委托第三方社会组织对购买服务结项评价进行管理，是落实《财政部关于推进政府购买服务第三方绩效评价工作的指导意见》精神最直接的体现。

第三，P区委托第三方社会组织开展购买服务结项评价，为我们提供了一套有效的管理机制。这一套机制主要的内容和特点是由第三方社会组织来组织结项评价的全过程、全环节，由第三方社会组织调动相关的专家开展独立性比较强的评价活动。在评价的过程中，既注重对购买服务项目的业务绩效进行评价，也注重对购买服务项目的财务规范性进行评价。

第四，P区政府购买服务项目结项评价管理的实践探索，体现了引入具备专业度的第三方组织对提高相关行动者的积极性与承接组织的规范化建设方面的政策启示意义。

第十章 凭单制在政府购买服务中的作用机理及政策措施

政府购买服务是指把属于政府职责范围且适合通过市场化方式提供的服务事项，按照一定的方式和程序，交由符合条件的社会力量和事业单位承担，并由政府根据服务数量和质量及合同等约定向其支付费用的行为。政府购买服务包括购买直接受益对象为社会公众的公共服务及直接受益对象为政府自身履职所需的辅助性服务。本章聚焦于政府为社会公众购买公共服务的购买行为。购买服务可以有效地激发社会活力，弥补政府职能的不足，被各国普遍采用，被称为"第三方治理"。自上海市1995年引入政府购买服务实践之后，24年来，这一创新性做法逐步扩散开来，并上升为国家层面的政策。时至今日，初步的制度框架已经形成，政府购买范围不断扩大，涉及的资金项目逐年增多，但仍然面临着供需错位、公众获得感不强、绩效评价滞后及治理成本不断增加的难题。为了应对这些难题，部分研究者提出了进一步健全政府购买服务的制度体系，增加治理购买服务的机构平台。但笔者认为这样做会导致治理成本不断增加。如何在通过购买服务转变政府职能而又不增加政府治

第十章　凭单制在政府购买服务中的作用机理及政策措施

理成本的同时又能够切实增强社会公众的获得感？这是当前中国政府购买服务实践发展亟需解决的现实难题。笔者认为，引入"凭单制"可以创新政府购买服务的治理机制。尽管"凭单制"已在一些购买服务项目中得到应用，然而由于缺乏顶层设计，实践中仍然存在很多问题。令人欣慰的是，2018年7月，财政部出台了《政府购买服务管理办法（征求意见稿）》，创新性地引入了通过凭单制确定项目承接主体的方式。这一创新性的做法有望破解政府购买服务面临的供需错位、绩效评价滞后、终端消费者缺位和治理成本不断加大等难题。为了进一步推动凭单制在政府购买服务中作用的发挥，笔者结合近年来凭单制在实践中的应用情况，集中探讨凭单制在政府购买服务中的作用机理、应用价值及相应的政策设计。

第一节　凭单制及其在购买服务中的作用机理

在凭单制中，政府向服务的终端消费者发放有形的卡片等媒介而承担融资的职责。政府根据一定的资质标准筛选出合适的服务生产者；消费者则在获得资质的服务生产者之间自由选择消费服务；服务的生产者则通过为消费者服务而获得凭单，并最终从政府那里兑换资金而获得服务的报偿。从西方的实践来看，凭单的形式比较多样，包括名单、暗单及退单等多种方式。基于在政府购买服务中应用的需求，我们在这里仅将凭单制限定为向消费者发放的有形媒介这种狭义形式。

通过对西方国家凭单制的使用实践观察，我们可以总结出凭单制的运作机制基本上包括三个阶段。一是发放凭单阶段。这一阶段的核心任务是通过对消费者及其家庭经济收入状况的评估，确定凭单的发放对象及发放额度。政府对家庭经济收入状况的评估能力和效果，直接决定了凭单发放的精准度和公共服务政策的瞄准效果。二是使用凭单阶段。这一阶段的核心任务是服务生产者依靠自身的实力吸引持有凭单的消费者选择消费自身的服务；而持有凭单的消费者则根据自身对服务的偏好选择生产者，用凭单交换相应数量的服务进行消费。消费者和服务生产者之间的互动及公平交换直接决定了凭单使用的效果。三是兑换凭单阶段。这一阶段的核心任务是服务生产者用自身通过服务生产换得的凭单，到政府的财政部门换取相应数额的资金。

　　凭单制改变了服务供给的结构和流程环节。从结构上来讲，凭单制通过向终端消费者发放凭单的形式赋予消费者选择权，将传统的服务供给机构从政府和服务生产者的双方主体转变成了政府、消费者和生产者三方主体。从流程上来讲，凭单制引入了终端消费者的选择权和服务生产者之间的竞争机制，传统服务供给流程的政府决策和生产者生产两大主要环节转换成了政府融资、消费者选择消费服务和生产者竞争生产服务三大环节。由于凭单制给政府服务供给的制度结构和流程环节带来了彻底性的变革，因而，必将对公共服务的供给产生深刻的变革意义。如果我们将凭单制应用于政府购买服务实践，必将能够有效破解上文所述的难题。

一、凭单制将终端消费者纳入了购买服务的行动框架之中

　　在传统的公共服务供给模式中，社会公众这一终端消费者处在公共服务供给链条的末端，他们在公共服务的供给过程中处于消极等待的地位。在西方国家，社会公众只有在选举的过程中才有机会表达他们对公共服务的需求偏好，一旦选举结束，社会公众则很难对承担公共服务的供给过程产生影响。在这种服务供给结构中，政府领导做出为公民供给的服务的内容、数量和质量方面的决策，同时设定相应的预算，行政组织则根据决策和预算执行公共服务的生产任务。作为终端消费者的社会

第十章 凭单制在政府购买服务中的作用机理及政策措施

公众很难对供给公共服务的决策和预算安排产生影响。因此，社会公众只是作为消费者，等待行政组织和基层服务人员为他们生产服务，他们基本上处于消极地位，最多只是对不满意的服务抱怨几句。

政府购买服务这种创新型的服务供给方式，改变了传统的公共服务供给模式，但是仍然没有将终端消费者纳入服务供给的行动框架之中。在购买服务的行动结构中，社会组织和企业等社会力量替代了传统的行政组织和基层服务人员或者公共事业部门，承担起了公共服务的生产功能。在购买服务中，政府部门仍然主导了购买服务的内容、数量和质量等决策过程及购买服务的预算安排过程，而服务的物理生产过程则通过合同的形式交给了社会力量承担。作为终端消费者的公民的地位没有发生变化，他们仍然处在公共服务供给链条的末端，除了消极等待服务供给之外，既不能对购买服务的决策过程产生影响，也不能对承接政府购买服务项目的生产单位的筛选过程产生影响。

凭单制则彻底地改变了公共服务供给的流程结构，将处于供给链条末端的终端消费者置于了服务供给的核心环节，参见表10-1。

表10-1 三类服务供给结构、流程环节及行动者角色

流程环节	传统服务供给结构	购买服务供给结构	凭单制供给结构	行动者
供给	决策	政府	政府	政府、终端消费者
	生产	行政组织 公共事业单位	社会组织、企业等社会力量	社会组织、企业等社会力量
消费	终端消费者	终端消费者	终端消费者	

资料来源：作者自制。

凭单制用"政府→消费者→服务生产者"这一服务供给和资源配置模式替代了"政府→公共事业部门"这一传统的服务供给和资源配置模

171

式。在这种新模式中，消费者被置于核心地位，他们从被动的接受者转变为主动的选择者和资源流向、流量大小的真正决定者。引入凭单制后，购买服务的行动结构和流程环节会发生根本性的变革，购买服务供给过程的行动者将由"购买主体－承接主体"转变成为"购买主体－终端消费者－承接主体－终端消费者"。在引入凭单制之后，虽然政府仍然在购买服务的内容、数量和质量的决策过程及预算编制过程中发挥着重要的作用，但是由于将预算资金分配发放给了终端消费者，而非直接拨付给购买服务项目的承接主体，因而使得终端消费者拥有了消费哪家生产者服务的选择权。这样就将终端消费者的利益与购买服务密切联系在一起，也就激活了终端消费者的行动。

凭单制非常重要的作用之一就是将传统购买服务模式始终缺位的终端消费者引入购买服务的过程中，并且通过给他们发放凭单的方式而赋予其在购买服务供给行动结构中以核心地位。如果说购买服务的政府部门是购买服务这出戏的编剧和导演，那么终端消费者则是主演。如果没有他们持有凭单并选择消费服务，购买服务项目就难以运作下去。引入凭单制将会导致购买服务供给流程环节的重大变化，由政府确定目录、承接主体申报项目、政府筛选项目、承接主体生产服务、终端消费者消费服务和政府组织评价项目绩效构成的传统供给流程，转变成政府筛选终端消费者、筛选有资质的承接主体、发放凭单、终端消费者使用凭单选择消费服务及承接主体兑换凭单等新的供给流程。

二、终端消费者在凭单制中根据其偏好实时动态地选择消费服务

凭单制的运作机理就是通过模拟市场运作而创造一种公共经济市场。市场发挥作用的重要条件之一就是供需双方之间的自由选择和自由交换。需求方的自由选择往往是根据自身的需求偏好做出的，因而只要市场中的供给方足够多，那么在需求者的自由选择下，其需求总是会得

第十章 凭单制在政府购买服务中的作用机理及政策措施

到满足的。在购买服务中引入凭单制，就是通过赋予终端消费者尽可能多的自由选择权，从而最大可能地促进他们的偏好需求在购买服务项目中获得满足，切实增强终端消费者的获得感。

在购买服务的过程中引入凭单制就是通过向终端消费者发放凭单这种方式，赋予他们根据自身偏好选择消费服务项目的权利，从而也使公共服务供给具有类似于市场经济的运作效果。凭单制赋予终端消费者选择消费服务的权利，这就实现了原来由政府部门选择转变为由终端消费者选择的转变。由政府部门选择和指定服务的内容和生产主体面临的问题是，由于政府部门和终端消费者之间的信息不对称，因而政府部门很难有效地掌握终端消费者的需求信息。更何况不同类型的人群，他们的服务需求是不一样的；即使是同样的人群，其中不同个体的服务偏好也是不一样的。随着时间、环境及个人经历的变化，随着需求满足后效用的递减和社会的技术和知识进步等，人们对服务的偏好需求总是处于动态的变化过程之中，这就进一步增大了政府部门在购买服务过程中把握终端消费者需求的难度。因此，一般而言，由个体消费的服务项目，政府都没有必要代替终端消费者做出消费选择。

凭单制是让终端消费者亲自选择，因而会有效地缓解购买服务面临的供需错位问题。根据凭单制的运作过程和阶段，在购买服务的过程中使用凭单制，政府需要就购买服务内容做出一个范围性的设计，然后按照一定的资质标准筛选服务生产者和终端消费者，符合资质标准的服务生产者生产服务，符合资质标准的终端消费者获得凭单进行服务消费。当某种凭单涵盖的服务内容所涉范围比较狭窄因而符合资质的服务生产者比较有限时，终端消费者选择消费的自由度也就比较有限，就难以实时动态地选择到符合其偏好的服务内容和生产者。当凭单覆盖的内容所涉范围比较宽泛因而服务生产者较多时，终端消费者将会有更大和更真实的自由选择权，也就能够选择到更加契合自身偏好需求的服务。

三、凭单制引入竞争性消费和等价交换机制能够促进服务项目的绩效评价

在传统的政府购买服务流程结构中，服务项目的消费和绩效评价是分离的。一方面，购买服务项目的消费主体和绩效评价主体是分离的，消费主体是社会公众，而绩效评价主体则是政府部门及其委托的专家；另一方面，购买服务项目的消费过程和绩效评价过程也是分离的，绩效评价是在项目执行结束之后进行的。这种分离式的评价最终比较难以有效地对服务项目的质量做出真实评价。因为，服务性的项目往往是针对服务对象开展的一些行为活动，服务的生产过程和消费过程是同一过程，也是彼此交互的过程，在这一过程中，需要生产者和消费者之间进行频繁的互动。服务项目需要消费者根据体验后所获得的满足感才能做出真实的评价。如果采用事后的绩效评价方式，就很难实时地回溯到服务现场，评价依据的只能是一些服务的人次数量等记录，或者是一些签到表、照片及消费的满意度调查等资料。这在一定程度上造成了绩效评价的滞后和形式化，难以真实反映终端消费者的获得感。

凭单制则通过赋予终端消费者竞争性地在不同的服务生产者之间选择消费，从而促进了服务的绩效提升，也促进绩效评价更真实。在凭单制中，持有凭单的终端消费者可以根据自己的体验，自由地在多个服务生产者之间进行选择消费，而每一次消费的选择都是根据上一次自身的消费体验也就是消费评价做出的，这就形成了终端消费者根据上次消费绩效选择下次消费单位的实时绩效评价—消费选择链条。这样一来，每一家服务生产单位获得的凭单数量基本上能够反映出其在终端消费者中的受欢迎程度。例如，当政府部门决定向老年人发放按摩保健服务的凭单时，按照每人 10 次、每次 50 元的额度发放按摩卡。持有凭单的老年人，第一次可以尝试着在有资质的按摩机构体验，如果比较满意，那么他下次还会选择这一家；如果不满意，他会通过向其他老年人收集信息

第十章 凭单制在政府购买服务中的作用机理及政策措施

的方式选择另一家比较好的符合资质的按摩机构。如此反复几次，最终每个人都可能会选择到符合自己偏好的按摩机构。这样的自由选择和按摩机构之间的竞争，实际上就将服务生产、服务消费和服务的绩效评价融合成为同一个过程。在这一过程中，终端消费者将消费和评价反馈贯通起来。最终按摩机构收到的凭单数量既反映了它们的服务数量，也反映了它们的服务质量。一个按摩机构收到的凭单多，说明其服务比较好，得到了更多老年人的青睐；反之，则说明其服务比较差，较难吸引到更多的老年人来消费。同时，凭单制打破了传统购买服务过程中承接主体一旦获得项目就居于垄断地位的局面，当所有符合资质的机构都为了获得凭单而竞争时，它们就不得不改善自身的服务，这样面向老年人的按摩服务行业的整体水平就会得到大幅度的提升。

四、凭单制通过终端消费者的选择和生产者间的竞争而节约治理成本

在当前的政府购买服务供给过程中，政府部门需要开展许多超出自身能力范围之外的活动，如果沿着将"一条意见和三个目录"升级为"一个条例五个目录"，增加更多的政府购买服务的操作平台这个思路继续下去，那么政府为了管理购买服务项目还会承担更多的治理成本，但治理效果是否有效还不确定。根本性的原因是，这种思路和方法放逐了终端消费者这一购买服务的核心利益相关者，没有激活他们在购买服务过程中的需求选择、竞争性消费和实时监督评价等方面的动能。例如，沿着现有的思路，政府要通过各种各样的需求调查机制发现社会公众的服务需求偏好，通过竞争性的筛选机制判断众多承接主体的能力和水平，通过评审购买服务项目申报书而确定项目的必要性、可行性和实现预期目标的可能性，通过阅读项目绩效报告及现场提问等方式对项目的绩效做出评价。其实，由于信息不对称，政府部门有限的人力根本难以应付数量众多的购买服务项目。集中式的控制管理方式以及服务项目生产、

消费及评价管理的主体分离,即使政府在上述环节中做出了巨大努力,付出了巨大成本,所取得的效果也不一定令人满意,因为这些努力并不能保证终端消费者获得感的提升。

凭单制则通过赋予终端消费者自由选择的权利,在生产者之间引入竞争机制,从而可以大幅度地减少政府为管理购买服务项目而承担的成本。因为,终端消费者本身就是需求主体、消费主体和评价主体。当政府向他们发放了凭单之后,终端消费者就如同在市场上花钱购买商品一样使用凭单购买服务,他们"会货比三家"似的挑选服务生产单位,寻找到"钱有所值"和"称心如意"的服务。因而,他们会千方百计地挑选符合自身偏好的服务,密切地监督促使服务生产者为自己提供更好的服务。当在消费服务的过程中遇到问题时,他们会及时进行反馈,并督促相应的服务者改善服务质量,否则他们会改选其他的服务生产者。凭单使得终端消费者的"付费"和服务消费紧密地联系在了一起,从而能够最大程度地提升效率,因为付费和服务消费联系越紧密,公共服务体系也会越富有效率。人们的行为表明,当需要通过付费才能消费服务时,他们会精打细算并最大程度地满足自身的偏好。

在应用凭单制之后,终端消费者的积极作为将政府部门从众多服务项目的烦琐管理环节中解放了出来,根本性地节约了政府的治理成本。因为,借助于凭单制,政府部门不必确切地掌握社会公众的服务需求偏好,它们只需要知道一个大体的状况就可以了。例如,政府向儿童发放课后兴趣培训券时,并不需要掌握每一个儿童需要什么样的培训服务内容,只需知道培训服务的大体范围就可以了。通过向适龄儿童发放培训服务凭单,每个家庭会根据孩子的兴趣爱好在美术、音乐、体育等培训内容中选择具体的服务项目。借助于凭单制,政府部门不必对购买服务项目的生产过程进行追踪督导,因为持有凭单的终端消费者会为了自身利益而全方位对购买服务的承接主体进行实时督导。同时,服务生产者会为了获得更多的凭单而全心全意地服务终端消费者。最后，政府也没有必要详细地对服务项目进行绩效评价，因为持有凭单的终端消费者会通过自身的消费选择而对有资质的服务项目的承接主体进行绩效评价，每个主体获得的凭单数量就是它们服务绩效结果的体现。

凭单制是在政府公共服务供给过程中引入的市场化机制，这种机制通过赋予终端消费者以服务消费的选择权，有效地激活他们的需求表达、消费决策和对服务的绩效评价活动，通过在服务生产单位之间引入竞争机制而提升效率和质量。更加重要的是，凭单制赋予了终端消费者这个服务供给活动的核心利益相关者行动能力，使得他们与服务生产单位之间在服务供给过程中能够实现需求表达、监督、评价和反馈等实时性的互动。这在一定程度上是对政府的替代，可以大幅度地节约政府在服务供给中的需求、决策筛选、生产监督及绩效评价等环节中的治理成本。

第二节 政府购买服务实践面临的难题需要引入凭单制破解

中国政府购买服务起步晚，但发展迅速，目前相应的制度框架已经初步形成，购买服务呈现出了量大、面广、资金规模大的发展态势。与此同时，也普遍面临终端消费者缺位、供需错位、绩效评价滞后及治理成本不断增大等难题。这些难题与凭单制的缺位有很大关系，需要创新政府购买服务的机制，引入凭单制进行破解。

一、缺位的终端消费者需要凭单激活

按照当前流行的说法，政府购买服务指的是政府为社会公众购买公共服务。从这一描述中，我们可以断定社会公众显然是政府购买服务过

程中非常重要的行动者之一。从实践经验来看，社会公众至少有三个重要的角色。首先，社会公众是政府购买服务的终端消费者，他们的消费行为和消费后获得的效用直接决定了政府购买服务获得的效用。其次，社会公众是政府购买服务决策中的偏好需求表达者，他们是否有途径和渠道表达对购买服务的偏好需求及效果，直接决定了政府购买服务决策的有效性和给公众带来的获得感的强弱。因为，如果不符合消费者需求偏好，无论政府采取多少购买行为，付出多大的购买成本，都是没有意义的。最后，社会公众是政府购买服务项目的绩效评价者，他们是政府所购买服务项目的直接消费者，因而也是服务的直接体验者和效果的最佳评价者。

虽然社会公众具有如此重要的地位，但是当我们反观政府购买服务的制度框架和实践时，却发现社会公众基本上是缺位的。当前政府购买服务制度框架中的主要行动者是购买主体和承接主体。购买主体是各级行政机关和参公管理的事业单位，承接主体是依法登记的社会组织和企业等社会力量。从购买服务实践的流程环节来看，作为终端消费者的社会公众是缺位的。当前政府购买服务一般包括以下几个程序：（1）作为购买主体的政府部门编制购买计划；（2）购买主体根据需求向社会发布购买公告；（3）承接主体申报项目；（4）购买主体按照采购法要求通过公开招标、邀请招标、竞争性谈判或单一来源采购等方式确定承接主体；（5）购买主体和承接主体签订合同；（6）承接主体按照合同约定生产服务；（7）购买主体在项目执行结束后组织有关专家进行检查验收。在上述七个环节中，购买主体和承接主体是核心行动者，作为终端消费者的社会公众自始至终没有出现。虽然在购买服务实践中，政府也做出了自上而下的公开征求意见、召开座谈会、网络化信息收集、委托专业机构调查以及构建参与式治理等类型需求调查行为，但是作为自上而下的需求调查，有时候其形式意义大于实质意义。

第十章 凭单制在政府购买服务中的作用机理及政策措施

正是由于当前政府购买服务的制度框架和现实实践中没有引入凭单制，终端消费者在购买服务项目的选择和执行过程中始终是缺位的。具体表现为两方面。一方面，社会公众并不能参与购买服务的内容范围的决策过程，当前政府购买服务的决策主要是由相关的政府部门做出的，它们初步地划定了购买服务的目录范围，而具体的购买服务项目则是由申报承接项目的社会组织等社会力量根据自身业务特长及经验设计的。另一方面，社会公众处于消极等待的地位，由购买服务项目的承接主体选择为谁提供服务。由于没有引入凭单制，终端消费者没有自由选择服务单位的权利。在现实中，作为社会公众，谁能够获得什么样的服务，实际上是由承接执行购买服务项目的社会力量设计和主导的，这些组织选择服务对象的依据是项目设定的目标、实施地及可行的落地方案，而不是终端消费者的需求程度。

因此，我们急需在购买服务的制度框架和实践中激活终端消费者的行动。如前文所述，当采用凭单制方式购买服务之后，购买服务的政府部门会通过向终端消费者发放凭单，赋予他们选择消费服务单位的权利，持有凭单进行服务消费选择的终端消费者就会从服务供给链条的末端走向中心位置，凭单的发放、消费及兑换都建立在终端消费者的行动之上。

二、错位的服务供需急需凭单制校正

虽然社会公众是政府购买服务项目的天然终端需求者和偏好表达者，但由于他们的缺位以及政府需求调查的形式化等原因，政府购买服务实践中普遍地出现了供需错位的问题。所谓供需错位，就是政府购买的服务项目和社会公众需求的服务项目之间是不一致的，具体表现就是政府购买了的服务项目，社会公众并不需要或者是需求不强烈；而社会公众强烈需求的服务项目，政府却没有购买。在我们的访谈中，有公职人员反应实践中已出现了"三有三不"的问题，即"有需求，得不到购买；有资金，花不出去；有项目，不对胃口"还有一些社会组织在参与

政府购买公共服务的过程中越来越"听政府的话",逐渐丧失了其对公众需求反应灵敏、创新性强的优势,变得不再"接地气"。

由于没有引入凭单制,终端消费者没有渠道表达自身的服务需求偏好,导致了由承接主体设计的服务项目内容难以有效反映终端消费者的需求偏好。由于没有被发放凭单,终端消费者对服务的内容和服务生产主体进行选择。因此,他们不能像在凭单制中那样凭借持有的凭单在多个服务生产者之间根据需求和偏好进行挑选。尽管社会公众对公共服务的需求是主观多样的,但他们在购买服务项目的决策和执行过程中并没有自由行动的空间,他们的需求往往得不到忠实的反映,导致政府购买服务实践中普遍面临着供需错位的问题。

在实践操作中,当前的政府购买服务一般是基于政府部门出台的购买目录进行的,但这些目录只是划定一个比较宽泛的范围,例如教育服务、残疾人服务、养老服务、社区服务等。购买服务目录一般没有详细到针对哪些人开展什么内容的服务项目,更难以涉及服务项目的数量和质量。这样,在实践中购买服务项目的承接主体等社会力量就成了项目服务内容、数量、质量标准及具体服务对象的设计者。在项目执行过程中,一些社会组织往往注重追求形式化的体系,例如服务的次数、受益的人数、活动开展的规模等,终端消费者的获得感等并没有成为项目设计中需要考虑的重要因素。这样就导致很多服务项目开展了许多次活动,发放了许多材料,却并未给终端消费者带来实质性的获得感。

因此,我们必须要以向终端消费者发放凭单的方式赋予他们偏好表达的途径。正如前文所述,当终端消费者持有凭单之后,他们就如同在市场上持有人民币进行消费一样,可以根据自身的需求偏好在凭单覆盖的服务范围内有选择地消费。此时,消费购买服务项目就如同吃自助餐一样,终端消费者可以根据自己的口味和食量直接取餐,不用假手于他人,实现了服务需求表达和服务选择的一体化。毫无疑问,这样做可以有效地校正购买服务面临的供需错位难题。

三、滞后的绩效评价需要凭单持有者的积极评价

虽然社会公众是政府购买服务项目的终端消费者，但由于还没有引入凭单制，因而在一般情况下他们还没有机会参与购买服务项目的绩效评价。当前，政府购买服务项目的绩效评价一般包括两个阶段，基本上是由政府部门、相关专家及第三方组织等主体进行操作。第一个阶段是服务项目的中期督导和检查，这个阶段一般会由购买服务的政府部门委托相应的社会组织来组织专家进行现场督导，组织召开中期检查评审会，服务项目的承接主体则撰写中期报告并进行汇报。第二个阶段是购买服务项目的结项评审，这个阶段也是由购买服务的政府部门委托协助运作管理购买服务活动的社会组织来组织召开结项评审会。承接主体撰写绩效报告并在结项评审会上向专家汇报，出示相应的绩效证据，接受专家的询问。由于项目已经执行结束了，结项评审一般情况都不会也难以再进行现场的走访和评价。虽然多数项目绩效的评价要求承接主体开展服务对象的满意度调查，但如果缺乏有效的实地过程督导，这些满意度调查的可信度也很难保证。

由于没有引入凭单制，由专家组或者第三方开展的购买服务项目绩效评价是比较滞后的，主要体现在两个方面。首先，作为购买服务项目的终端消费者的社会公众并没有有效地参与到绩效评价的过程中去。对于那些基于消费体验才能判断绩效的服务类项目而言，终端消费者的感受和评价是至关重要的。但是，由于在当前购买服务的绩效评价过程中，终端消费者并不能像持有凭单的消费者那样根据以往的消费体验和判断择优选择下一次的消费，他们难以将其"付费行为"与消费行为紧密地联系起来，因而就难以实时地根据绩效对购买服务项目的承接主体形成压力。其次，由于没有实行凭单制，当前的政府购买服务项目的绩效评价指标基本上不反映终端消费者的意见，多数项目绩效评价陷入了"数

字游戏"的境地。当前购买服务项目的绩效评价主要是根据承接主体申报项目时设定的项目目标指标进行评价的。在实践中,这些绩效目标指标多数表现为项目期间开展的活动次数、服务的人数、参与活动人次数等方面。这些绩效指标多数要依靠活动的记录或者签到表等进行判断,这些指标和材料最多能够反映出服务项目的数量,很难反映出服务项目的质量。例如,"北京市西城区××街道为老服务全响应行动"购买服务项目设定的服务对象是该街道的退休人员、弱视人员和行动不便的老人,设定的绩效指标包括:健康义诊2次、心理健康义诊18次、国学经典讲座15次、传统书画知识讲座17次、心理疏导主题沙龙活动6次、盲人听电影活动8次、电影讲述志愿者培训4次、个案咨询30次、大型活动2场、银龄康娱活动5次、小组工作2个、志愿者培训2次、免费修脚4场。该项目执行结束后,专家对其绩效评价反馈出的问题包括:(1)相关群体活动只有策划方案、评价表,没有活动的影像资料和每次活动的总结材料;(2)活动受益人群比较模糊,受益人数与受益人次没有明确的界定,在活动过程中没有记录相关的受益人名单等信息;(3)设计的活动很多,但是活动宣传不够,没有活动的新闻稿、相关照片和影像资料。根据这个项目的专家评价意见,我们不难发现,由于服务对象没有参与到绩效评价中,如果又没有真实可靠的照片、签到表和影像资料,事后的绩效评价是很难对项目的执行情况做出真实的判断的。

因此,我们需要通过凭单制激发终端消费者对购买服务项目进行绩效评价的积极性。作用于人的服务项目的生产过程和消费过程是同一过程,例如按摩等服务活动过程始终是以终端消费者为作用对象的,他们的体验和感受就是对按摩活动最真实的绩效评价信息。如前文所述,当政府部门向终端消费者发放凭单之后,他们消费使用凭单的过程也是对服务项目进行绩效评价的过程,而且会将服务项目的绩效评价实时地寓于项目执行过程之中，而不是事后回溯性地评价项目的绩效材料。

四、不断增大的治理成本可借助凭单制来降低

未引入凭单制，未能发掘潜藏在终端消费者群体中的能量，导致政府承担的治理成本不断增大。虽然通过向社会力量购买服务的出发点是要转变政府职能，实现精兵简政的目标，但是实际上，政府购买服务并不能"一买了之"，政府需要成为一个"精明的购买者"，对购买服务的过程进行全流程的管理。在过程管理中，政府的管理职能越来越细化，政府部门需要开展终端消费者的需求调查、购买目录设定、项目承接主体筛选、项目执行过程监控及项目绩效评价等，这就导致政府承担的治理成本也越来越大。购买服务的出发点是精兵简政，但实践中政府的职能并没有真正地精简下去，管理购买服务的职能却增加了，社会公众的获得感也并未随之而提升。

政府对购买服务项目治理成本的增加主要体现在如下几个方面：首先，为了管理购买服务活动，政府需要投入更多的人力和财力成本。在购买服务的很多环节，都需要投入更多的人力和社会力量进行互动。在项目申报环节，需要有专门的人员接受社会力量的咨询和项目申报文件；在项目的立项评审环节，需要组织财务、法律及项目相应领域的专家进行项目的筛选；项目的执行环节则需要组织专家进行现场督导；项目结项评价环节同样需要财务、法律及服务领域的专家进行绩效评价。与这些人力活动相伴随的是各种人员的劳务费用。其次，政府需要投入更多的时间和精力不断地创新和完善购买服务制度政策。例如，将购买服务的意见上升为条例，在购买服务目录、职能转变目录及具备资质的社会组织目录的基础上，增加价格目录及评价组织目录。将"一条意见和三个目录"升级为"一个条例五个目录"，增加更多的政府购买服务的操作平台。然而，如此一来，会导致政府为了管理购买服务活动新增管理机构，新设购买平台，承担更多的成本。因为，在政府管理人员理性有限、终端消费者需求异质性高及多方行动者之间信息不对称等因素的作用下，即使不断地健全购买服务管理机制，政府在购买服务的需求、决策、评价等流程环节中始终都会面临着成本不断加大和成效不强的双重困境。

出现上述困境的根本原因是，政府试图通过购买服务的办法实现公共服务市场化供给的目标，但是仍然在使用计划管理的手段实现这一目标，从而导致越来越多的管理活动集中于政府部门身上，而不是分散于终端消费者身上。由于没有引入凭单制，没有设计出类似市场经济的"购买服务治理机制"，终端消费者不能在购买服务的需求偏好表达、项目承接主体筛选、项目执行过程监控及项目绩效评价中发挥作用。如此一来，政府部门就不得不通过各种方法去解决自身与终端消费者、购买服务项目承接主体之间的信息不对称问题。但是，如果采用凭单制，则终端消费者自身就会参与到购买服务的过程中去，那么政府部门与终端消费者之间的信息不对称问题就会自然而然地解决了，具体表现为政府不再需要费尽心力地琢磨终端需求者的需求偏好，持有凭单的终端消费者会自然地依据自身偏好进行服务的消费选择。同时，由于终端消费者持有凭单选择消费，并通过凭单将其利益与服务消费紧密结合起来，政府和项目承接主体之间由于信息不对称而带来的监管和评价难题就得到解决。具体表现为，终端消费者将出于自身利益的考虑而代替政府对服务的生产过程进行实时督导和绩效评价。可见，不引入凭单制，不激活终端消费者这一宝贵资源，政府部门将会承担越来越多的治理成本，而治理效果不一定显著。

因此，我们必须要通过引入凭单制来激活终端消费者这一宝贵资源。当政府部门向终端消费者发放凭单之后，他们就会成为名副其实的服务需求表达者、服务消费的决策选择者及服务项目的绩效评价者。凭单制能够使得需求表达、决策选择及绩效评价和终端消费者的利益相兼容。

因为，当消费者持有凭单选择消费服务时，就如同他们持有货币进行消费一样，必然以"物有所值"和"物美价廉"为行动的根据。终端消费者在需求表达、决策选择和绩效评价等环节中的积极努力，就是对政府部门的功能替代，因而会最大程度地降低当前购买服务的政府部门不断增加的治理成本。

第三节 凭单制在政府购买服务中的政策措施

凭单制有诸多优点，但是作为一种制度设计，它的有效运行范围是有限的，也必须建立在一定的条件之上。因此，我们必须要根据凭单制的内涵及作用机理明确其适用范围和条件，并据此制定政策措施。根据服务的作用对象是人还是物、服务消费是以个体还是以集体为单位的，我们可以把服务项目划分为四类，而凭单制则适用于其中的一类，即作用于人的、以个体为服务对象的购买服务项目参见表10-2。

表10-2 服务项目的类型划分

消费单位	作用对象	
	人	物
个体	理发、按摩、康复、书画培训等	汽车维修保养、电视机维修等
集体	小区治安巡逻、文艺演出等	道路清洁养护、河道清理等

作用于人的、针对个体开展的服务项目适合采用凭单制，主要包括针对个人开展的教育培训、治疗、康复、按摩等服务活动。从前文的分析中我们知道，凭单是由个体持有并进行选择消费的，这种消费选择是基于消费体验而做出的，而消费体验一定是主观的和个体化的。也就是说，不同的人主观需求不同，对某个购买服务项目会做出不同的判断，

这就体现出了差异性，适合由个体持有凭单选择消费。

那些由集体单位消费的服务项目，无论是作用于人还是作用于物，都不适用凭单制。作用于物的服务项目，例如道路清扫、河道保洁和绿化养护等具有客观的绩效结果，一方面不需要通过个体的体验进行绩效判断和选择，另一方面这类服务往往具有规模经济的特点，是供给群体消费的，因而就需要通过集体选择的方式做出集体决策。那些作用于物并由个体进行消费的服务项目，由于不是针对老、弱、病、残、幼等特殊群体开展的服务类项目，一般情况都不会纳入政府购买的范围，即使政府购买了，但由于作用于物而且结果易测，因而也不适用凭单制。

尽管如前文所述，凭单制有诸多优点，可以在政府购买服务过程中推广应用，有效地解决前文所述的难题，然而凭单制的应用是一整套的制度体系，其在实践中的应用也会面临一系列的潜在问题，如陷入价值争议而搁浅、覆盖内容狭窄而限制终端消费者的实质性自由选择、服务生产者过少而导致竞争性不强、发放和使用过程管理不善而导致凭单的虚假使用，因此需要做好相关的政策设计。

一、根据价值目标选择凭单发放对象

在购买服务中引入凭单制首先面临的挑战就是陷入各种价值导向争议的漩涡。凭单制是一种政策工具，可以用于服务各种价值目标。这种政策工具本身并没有价值导向，它既可以用来追求效率，也可以用来追求公平，还可以用来兼顾效率与公平。追求何种价值，取决于凭单发放对象的选择。例如，选择面向某类服务的所有对象发放等额的凭单，促进服务生产者之间的竞争，自然会带来效率。如果选择针对服务对象中的弱势群体发放凭单，则主要发挥再分配的作用，自然会服务于公平的价值。有学者设置了一个兼顾公平与效率的凭单发放模型，收入越高的家庭获得的凭单数量越少，收入越低的家庭获得的凭单数量越多。这一模型既强调了市场中供给者和需求者各自的选择权，又更多地兼顾到低收入家庭的状况,从而实现了效率与公平的适当兼顾。

很多人质疑凭单制的原因之一是没有有效地解决公平问题。有些凭单制项目有着比较好的出发点和机制设计,但是由于陷入了价值争议的漩涡而搁浅。例如,面向所有适龄儿童发放培训凭单,富人会在凭单之外添加更多的私人支出,从而获得更好的培训服务。例如,湖北省监利县2003年出台的教育券制度设定,到2004年全面实行义务教育卡制度,即政府把投入义务教育的经费(含上级转移支付资金)均摊到每个学生身上,并用教育卡的形式发放给学生个人,让学生自主择校消费。但由于媒体错误报道造成政策环境恶化,一篇内容为"湖北监利要'卖'70所中小学"的不实报道引发观念碰撞,使该实验在政治上的合法性基础受到怀疑,致使"监利教育券"最终没有按计划推进。

为了避免在凭单制政府购买服务中的应用遭遇价值导向的困扰,使用凭单制的首要条件是要明确定位购买服务项目的价值目标,广泛宣传其目标和宗旨,排除不相关价值导向的干扰。根据适当的资质选择凭单发放对象,只要使用凭单制实现了设定的项目目标,就应该是成功了。例如,如果购买服务的项目设定的目标是扶弱助残,那么这类政策就具有价值再分配的导向,这时就应当根据项目设定的价值,选择弱势群体发放凭单。可以根据家庭收入标准,将低保家庭列为凭单发放对象;或者是面向残疾人发放康复凭单,这时就可以将持有残疾证的各类残疾人列为凭单的发放对象。如果购买服务项目的价值定位是公平,那么就应当根据普遍性的指标选择确定发放对象。例如,针对适龄儿童购买课后培训服务,就可以将年龄这一具有普遍性的特征列为选定凭单发放对象的条件。

二、放宽凭单覆盖的服务内容所涉范围

如前文所述,凭单制是通过模拟市场运作而创造的一种公共服务市场,供需双方之间的自由选择和自由交换非常重要,但是如果发放的凭

单覆盖的服务内容过于狭窄，就难以实现终端消费者根据其偏好实时动态选择消费服务的功能。凭单的内容越单一，对政府发放的精准度的要求就越高。例如，发放的是绘画培训凭单，那么政府部门就需要在众多的适龄儿童中找到真正对绘画感兴趣并需要参加培训的儿童。如果发放的精准度不高，对于一些并不是真正对绘画感兴趣的儿童而言，所获得的凭单就是没有价值的。他们就会通过一些办法将凭单折价出售，从而用获得的现金去补贴自己真正感兴趣的培训支出。现实实践中，由于信息不对称及终端消费者服务需求的主观性和多变性，政府部门很难做到购买服务凭单的精准发放。例如，江苏省农村培训券制度从2006年开始实施，当年省级财政安排6600万培训券补助资金支持30万农村转移劳动力的职业培训。但该培训项目面临的问题之一是培训专业面比较窄，难以反映消费方的真实需求，存在着农村劳动力真正需要的专业不在培训目录里的情况。

因此，我们建议适度放宽凭单的内容范围，增加终端消费者的自由选择空间，从而提升凭单和终端消费者偏好之间的匹配度。当凭单所能购买的服务内容的范围比较宽泛时，终端消费者才有比较大的自由选择空间，从而才能够选择到适合自身需求的服务内容。例如，政府决定通过发放凭单的方式给适龄儿童购买课后兴趣培训服务，如果政府发放的是通用性的兴趣培训凭单，不局限于绘画、书法、武术、舞蹈和音乐某一个领域。那么，一方面，政府就没有必要费力鉴别每一个适龄儿童的兴趣，如此会节省很多操作成本；另一方面，适龄儿童会有更大的自由空间，根据自身的兴趣爱好选择消费培训服务，最终他们的获得感也会增强。针对老年人、残疾人、青少年及各类需要就业群体的各类服务项目，都可以采用内容比较宽泛通用的凭单，从而促使他们能够根据自身的偏好自由选择符合需要的服务。例如，成都市2009年向15万返乡农民工、未就业大中专毕业生等六类人群发放就业培训券。按规定，持券者可于

110多项专业技能培训中自主选择自己要参加的培训专业。通过加大工作力度和媒体的大力宣传，2009年成都市共有13.6万人持券参加培训，占发券人数的91%。

三、适度增加服务生产者的数量

凭单制在政府购买服务中应用价值的实现建立在消费者自由选择和服务生产者之间真实竞争的基础上。如果服务生产者数量有限，那么终端消费者就没有足够大的自由选择空间，因而难以选择到真正符合需求偏好的生产者为自己服务。如果服务生产者数量有限，就会形成某项服务项目的寡头垄断性供给，彼此之间也难以形成有效的竞争，凭单制也无助于购买服务项目的效率提升和质量改进。例如，财政部出台的《政府购买服务管理办法（征求意见稿）》（2018年）规定，对于以凭单制形式实施的政府购买服务项目，购买主体应当通过依法依规设定资格条件或政府采购竞争择优方式，确定不少于三家服务供应机构同时作为承接主体。但是，"三家"是否足以实现终端消费者的自由选择，形成彼此之间的有效竞争？对此的回答还是要具体情况具体分析。在现实中，的确出现了承接主体有限而影响竞争性的问题，尤其是县级区域的社会组织等社会力量还很不发达，限制了凭单制作用的发挥。例如，成都市2009年面向返乡农民工、未就业大中专毕业生等六类人群发放就业培训券，面临的一个问题就是承接主体之间的竞争性不够强，县、市区域内的培训机构和培训专业还远远不能满足市场所需。成都市即使将培训机构由173家增加到221家，培训专业由110个增加到341个，但相对于20万的培训规模，供给方也难以形成有效的市场竞争。

为了增强政府购买服务项目承接主体之间的竞争性，促进凭单制作用的发挥，笔者建议适度增加购买服务项目承接主体的数量。例如，可以对《政府购买服务管理办法（征求意见稿）》关于承接主体的规定进行修改，将"确定不少于三家服务供应机构同时作为承接主体"修改为

"确定不少于五家服务供应机构同时作为承接主体"。同时，为了避免一些地方由于社会组织等社会力量不发达导致购买服务项目承接主体有限的问题，笔者建议要勇于打破政府购买服务方案中关于承接主体的地域限制，突破社会组织关于业务活动地域的限制性政策规定，鼓励外市甚至外省的社会组织参与本地购买服务的项目申报活动，进一步增强承接主体之间的竞争性。

四、下放购买决策权并实名监控凭单的使用过程

在购买服务中应用凭单制普遍面临一个严重的问题是，很多持有凭单的终端消费者由于凭单涵盖的内容不符合其需求，他们并不真实地使用凭单去消费服务，而是将凭单折价出售套利。例如，有些家庭并没有将获得的儿童课后培训服务的凭单用于儿童培训，而是将其折价出售给培训机构。同时，社会中也出现了一些中介机构，从终端消费者手中低价收购凭单，再以较高的价格转手出售给一些购买服务项目的承接主体。例如，北京市的养老服务券在实施过程中，就出现了一些机构从老年人手中低价收购养老服务券，再到相关部门按照养老服务券的面值兑换成现金，从中赚取差价。我们知道，之所以通过发放凭单这种有形的媒介而不是以现金的方式发放给终端消费者的重要原因就是凭单具有不可通约性，只能用来消费专门的服务。如果出现了倒卖套利的现象，那么就背离了设计凭单的政策初衷。

购买服务中凭单不能真实使用的问题可以通过两个方面的政策予以解决。第一，将购买服务的决策权下放到基层单位，以提升凭单覆盖服务内容和终端消费者偏好之间的匹配度。当凭单购买服务项目和消费者偏好之间的匹配度很高，终端消费者通过使用凭单能够购买到物有所值的服务时，他们就没有出售凭单套现的动机了。这就要求购买服务的政府部门能够贴近社会公众的需求，可行的做法是将购买服务的决策权下放到基层单位，例如街道办事处或者社区居委会。相对于市政府或者区

第十章 凭单制在政府购买服务中的作用机理及政策措施

政府，基层单位对社会公众的服务需求会更清楚一些。第二，建议对购买服务项目过程中凭单的使用实行实名制控制。不仅消费过程中要持凭单和个人的身份证，而且在凭单兑换阶段也要出示凭单和实名消费的记录。在这个过程中，可以借助于大数据技术、网上实时监控技术、其他人举报及政府部门临时突击检查等办法促成凭单的真实使用。

总而言之，凭单制在政府购买服务中的应用价值是巨大的，通过良好的政策设计，这一办法能够有效解决当前政府购买服务面临的终端消费者缺位、供需错位、绩效评价滞后及政府治理成本不断增加的难题。因为这一办法有效地激活了终端消费者这一宝贵资源。但同时，我们也要看到这一政策工具的适用范围是有限的，如果超出适用范围使用凭单制购买服务，则可能会带来人们对凭单制失灵的误解。本章主要是基于理论逻辑和有限的零散案例，分析了凭单制在政府购买服务中的应用价值和机理，评估了凭单制在实践应用中可能会遇到的潜在问题进行，并设计了相应的应对策略。随着《政府购买服务管理办法（征求意见稿）》关于采用凭单制购买服务精神的落实，大量的典型案例将会出现，未来的研究可以通过跨案例的定性比较分析，发现支持凭单制有效发挥价值的具体制度条件，从而为改进中国政府购买服务的制度体系贡献智慧。

第十一章　政府购买服务项目成效的影响因素研究

第一节　引言

政府购买公共服务是公共服务供给由政府内部控制生产转向协调外部力量合作治理的重要途径。购买服务促进了政府治理方式的改变，对公共管理理论发展产生了重要的影响。Erik Lane (2000) 甚至认为合同外包就是新公共管理，他看到了从传统的服务供给模式转向合同基础上的服务供给模式的发展趋势，并断定合同是独立于传统服务供给的一波新浪潮[1]。Fortin（2000）甚至宣称我们已经进入了"合同时代"（The Contractual Age）[2]。虽然政府通过合同购买服务具有广泛的影响和非凡的意义，但是政府购买服务项目效果的影响因素少有实证研究。人们

---

[1] LANE, J E. New Public Management[M]. London: Routledge, 2000.
[2] FORTIN, Y. 'Introduction', in FORTIN, Y. and VAN HASSEL, H. (eds) Contracting in the New Public Management[M]. Amsterdam: IOS Press, 2000.

较多地从规范性的角度推理，认为购买服务后，政府应当成为精明的购买者[1]，从而开展合同治理。人们似乎理所当然地认为，通过合同治理就能够有效地提升政府购买服务项目的效果，因而更多的成果集中于探讨合同治理阶段和内容。例如，罗纳德·凯特尔认为合同治理主要围绕要买什么（What to buy）、向谁买（Who to buy from）及买到了什么（What has been bought）这三个问题展开[2]。Peat 和 Costley（2001）等认为，购买服务的合同治理至少包括了公开招标、选择投标者、谈判确定合同、监督合同执行、延续或终止合同等五个阶段[3]。国内学者针对中国的情景提出了购买服务过程管理的观点，认为中国政府购买服务过程应当包括需求分析、决策安排、招投标、项目实施、绩效评估和后期管理等六个阶段[4]。但是，合同治理过程是否真实地会对提升购买服务项目绩效产生影响？除了合同治理之外，项目本身的属性及承接主体间的竞争性是否也会对购买服务项目绩效产生影响？这三个因素对购买服务项目的影响孰轻孰重？对这些问题的实证性回答，将为我们理解购买服务过程管理的效用和作用机制提供理论依据。与此同时，对这些问题的回答，也有助于为改进政府购买服务的治理政策提供智力支持。

自从 1995 年上海市浦东新区政府购买罗山会馆以来，中国政府购买服务取得了长足的发展，资金规模逐渐增大，项目范围日益拓展，制度框架也逐渐健全。2017 年，全国政府采购规模持续快速增长，采购规模达 32114.3 亿元，其中服务类采购规模为 8901.6 亿元，比上年增长

---

[1] VAN SLYKE D M. The mythology of privatization in contracting for social services[J]. Public Administration Review, 2003, 63(3): 296-315.

[2] KETTL DF. Sharing power: Public governance and private markets[M]. Washington D.C.: Brookings Institution Press, 2011.

[3] PEAT B, COSTLEY DL. Effective contracting of social services[J]. Nonprofit Management and Leadership, 2001, 12(1): 55-74.

[4] 陈建国. 政府购买服务的需求管理模式和改革方向[J]. 东北大学学报（社会科学版），2018, 20(5): 483-489.

83.1%。全国服务类采购规模 2002 年仅为 77.3 亿元，占全国政府采购规模的比重约 7.7%。到 2012 年，全国服务类采购规模突破 1000 亿元，达 1214 亿元。服务类采购规模的迅速增长，反映了政府购买服务的快速增长[1]。为了对政府购买服务进行规范管理，国务院、财政部、民政部及各级地方政府都分别出台了政策文件，对购买主体、购买内容、承接主体、购买机制、资金管理和绩效管理等方面做出了规定。财政部还专门出台了《关于推进政府购买服务第三方绩效评价工作的指导意见》。应当说，围绕着购买服务进行过程管理的制度框架初步形成。那么，这些制度规范的执行程度如何影响了政府购买服务项目的效果？购买服务项目自身的属性和过程管理二者对购买服务效果的影响程度如何？已有的研究主要从主体间关系、项目运行的权力结构及多重委托代理关系等角度分析中国政府购买服务项目的效果。研究多采用单案例或双案例对比分析的路径。本章以财政部发布的政府购买服务典型案例为素材，采用针对多数案例的定性比较分析方法，期望从中观察的角度探讨项目属性、竞争性及过程管理对政府购买服务项目的影响。

第二节 文献与理论模型

一、文献回顾

从既有研究来看，相关成果主要将影响政府购买服务项目效果的因素归结于项目属性、主体间竞争性程度及购买服务过程管理等三个方面。

---

[1] 中国财经报. 政采数据"折射"多项改革成效显著 [N/OL]. http://www.ccgp.gov.cn/jdjc/fxyj/201810/t20181011_10862330.htm. 最后查阅时间：2018 年 10 月 24 日 9 时。

第十一章 政府购买服务项目成效的影响因素研究

第一，购买服务项目自身的特性会直接影响到服务效果。对英国垃圾收集和街道清理的研究得出结论，民营化带来"20%成本节约"[1]，但是当对外包服务的内容进行拓展时，人们发现服务购买带来的成本节约是非常微弱的[2]。这说明不同性质的购买服务项目，提升其绩效的难度不同。侯志伟将政府购买服务分为硬服务和软服务两类，分别以环卫服务和养老服务作为两种类型的典型案例[3]。

第二，承接主体间竞争性关系对提升购买服务项目效果具有促进作用。学者们认为购买服务市场的发育程度及承接主体的数量、彼此间的竞争关系对服务项目的绩效具有促进作用[4]。政府购买服务的背景就是打破官僚体制对服务供给过程的垄断，通过外包的形式引入竞争机制，从而在众多的承接主体之间优中选优，挑选到最佳的服务项目生产者。竞争机制是政府购买服务制度逻辑的核心命题[5]。购买服务竞争性概念的操作化处理主要是参与政府购买服务项目申报的承接主体的数量的多少，以及同一个项目是否有多于一个组织在同时实施。当有超过2家组织参与购买服务项目竞标时，就有更大的概率挑选到能力强的承接主体，因而有助于提升购买服务项目的绩效。敬乂嘉、胡业飞等人认为从生产效率的角度来看，生产者的技术和能力对服务效率有着重要的影响，当服务项目承接主体具有更强的专业性、更强的学习和技术更新能力时，

---

[1] DOMBERGER S., MEADOWEROFT S. A. THOMPSON D. J. Competitive tendering and efficiency: the case of refuse collection[J]. Fiscal Studies, 1986, 7(4): 69-87.

[2] HODGE G. Privatization: an international review of performance[M]. Boulder: Westview Press, 2000.

[3] 侯志伟. 政府购买公共服务的竞争性分析框架及制度机制——基于S市经验的案例研究[J]. 中国行政管理，2016(7): 57-63.

[4] SAVAS E S. Competition and choice in New York City. Social Services[J]. Public Administration Review, 2002, 62(1): 82-91.

[5] 侯志伟. 政府购买公共服务的竞争性分析框架及制度机制——基于S市经验的案例研究[J]. 中国行政管理，2016(7): 57-63.

更容易降低生产成本[①]。国外学者的研究也认为筛选出有专业能力的社会组织至关重要,因此购买服务的市场发育程度直接影响到服务项目的成效[②]。当有超过2家组织同时执行一个购买服务项目时,彼此之间就会形成竞相提升绩效压力的动力,例如有些河道清理、道路清洁项目的不同标段分包给了不同的组织承担,彼此之间就会形成实时的竞争压力。

第三,良好的过程管理有助于提升政府购买服务项目绩效。例如,Brown 和 Potoski (2003) 将购买可能性评估、招投标、筛选成绩主体、谈判达成合同、评估项目绩效等列为政府购买服务合同治理的关键关节[③]。Romzek[④]和Brown[⑤]等人通过实证研究证明了绩效评估、合同经理、财政评估、监控能力和技术及管理监控过程对于提高购买服务项目绩效的作用。萨瓦斯曾经专门总结了民营化的12个流程环节。陈建国针对中国的国情,专门强调了针对需求管理等6个方面的流程环节进行管理的重要性。[⑥]

上述研究成果为我们分析政府购买服务项目绩效的影响因素提供了较为宽广的视角。然而,从路径方法的角度而言,既有成果的一些结论

[①] 敬乂嘉、胡业飞.政府购买服务的比较效率:基于公共性的理论框架与实证检验[J].公共行政评论,2018(3): 137-161, 212-213.

[②] BROWN T, POTOSKI M. Contracting for management: assessing management capacity under alternative service delivery arrangements[J]. Journal of Policy Analysis & Management, 2006, 25(2): 323-346.

[③] BROWN T L, POTOSKI M. Contract-management capacity in municipal and county governments [J]. Public Administration Review, 2003, 63(2): 153-164.

[④] ROMZEK B S, J M JOHNSTON. Effective contract implementation and management: a preliminary model[J]. Journal of Public Administration Research and Theory, 2002(12) : 423-453.

[⑤] BROWN, T L, matthew Potoski. managing contract performance: a transaction cost approach [J]. Journal of Public Administration Research and Theory,2003(22) : 275.

[⑥] 陈建国.政府购买公共服务过程管理研究——以北京市为例[J].理论探索, 2012(4): 115-119.

第十一章 政府购买服务项目成效的影响因素研究

是通过少数典型案例分析得出的，有一些研究成果是基于西方国家的经验进行的。在中国的制度情境下，项目属性、竞争性及过程管理对政府购买服务项目绩效的影响关系是什么，还没有得到系统深入的分析，也没有通过多案例定性比较分析的路径方法进行研究，这在一定程度上影响了结论的外部有效性。相对于竞争性和过程管理而言，既有研究对项目属性和购买服务项目绩效之间关系的分析还不充分。为了弥补既有研究的不足，促进这一主题研究的本土化，本章立足于中国的制度情境，采用多案例的定性比较分析方法，探讨项目属性、竞争性及过程管理这三组变量对政府购买服务项目绩效的影响，以期为政府购买服务理论研究贡献本土化经验素材，同时为改进中国政府购买服务实践提供政策指导。

二、理论模型与研究假设

基于既有研究成果、实践观察并结合本研究选择的案例素材，我们提出的理论模型如图 11-1 所示。由于本研究选取的是中国地方政府购买服务案例，在宏观的制度结构方面具有高度的雷同性，因此我们可以把宏观的制度环境看作是这 20 个案例实施的同质性背景。基于前述的理论文献及案例可得数据，本研究从项目属性、竞争性程度和过程管理三个视角分析中国政府购买服务项目效果的影响因素，具体而言主要包括 8 个条件变量和 1 个结果变量。

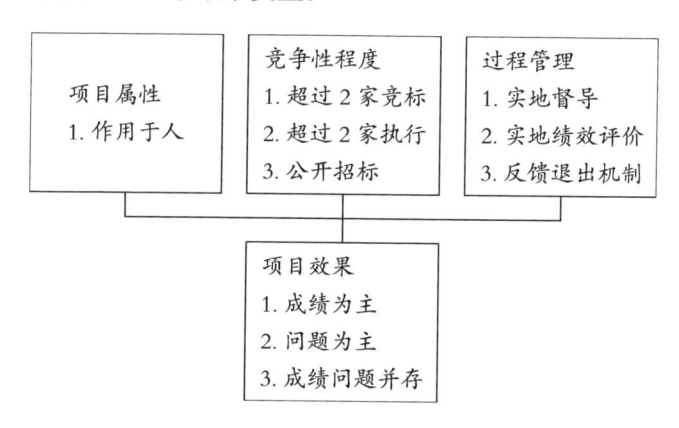

图 11-1 政府购买服务项目效果的理论模型

项目属性视角下的变量，关注项目自身的属性对于购买服务项目成效的影响。购买服务项目属性不同，其执行和实施的难度也就不同。因为购买服务项目本身构成了项目执行和实施的客观对象，而项目执行的任何活动及其有效性必然要受到这些现实"事件"的制约。通过前文的文献分析，我们发现不同类型的服务项目，购买服务带来的绩效改进效果不同。"我们认为有多种不同的'事件'（events）构成的环境，是人类行为的对象"，这些"事件"结构的潜在多样性要求不同的算计和行为模式，从而才能实现发展的机会和可能性[1]。具体到政府购买服务项目而言，项目本身的类型直接影响了竞争性等影响购买服务的因素，因而也就会对购买服务项目的绩效产生影响[2]。就购买服务项目自身而言，不同类型的项目的作用对象是不一样的。购买服务项目的作用对象可以是人，例如养老服务、残疾人康复等项目；也可以是物，例如垃圾处理、河道清洁等项目。那些作用于物的购买服务项目，执行过程中较少存在多方行动者之间的互动；而那些作用于人的购买服务项目，执行过程中则需要较多的多方行动者之间的互动而互动的行动者的增多则意味着关系的复杂化和项目执行难度的增大。与项目执行的作用对象相对应，直接作用于物的购买服务项目，多数效果比较容易测量；而那些作用于人的购买服务项目，多数效果不易测量。

购买服务竞争性视角下的变量，关注购买服务筛选承接单位过程及项目执行过程中参与竞争的单位多少作为变量，测量竞争性程度对于提升政府购买服务项目绩效的影响。因为引入购买服务和外包政府功能非常重要考虑的因素就是能够获得竞争带来的好处。竞争可以让政府机构

---

[1] OSTROM V, HENNESSEY T. Institutional analysis and design[R/OL] http://dlc.dlib.indiana.edu/dlc/handle/10535/4122.

[2] GIRTH A M, HEFETZ A, JOHNSTON J M, et al. Outsourcing public service delivery: management responses in noncompetitive markets[J]. Public Administration Review, 2012, 72(6): 887−900.

第十一章 政府购买服务项目成效的影响因素研究

利用市场力量带来的质量提升和成本节约的潜能[1]。

过程管理视角下的变量则关注政府对购买服务的过程环节所采取的管理措施，对政府购买服务项目绩效的影响。购买服务不同于以往通过官僚体制内部控制的办法供给服务，购买服务需要政府能够有效协调、管理和控制更多的外部力量实现服务供给，因此过程管理就显得尤为重要。尽管在项目承接单位筛选的过程中，可以通过引入招投标的机制在多个单位之间进行竞争性选择，但是一旦筛选确定了承接单位之后，那么那些由单一组织执行的服务项目实际上就进入了垄断性执行的过程中。在签订合同开始执行项目之后，承接单位就不再面临竞争的压力。由于自利动机和信息不对称等原因，对购买服务项目执行过程开展针对性的过程管理就成了提升项目绩效的重要条件。一般而言，那些较好地开展了过程督导的项目，绩效提升就比较显著；那些没有开展过程督导的项目，绩效不彰的可能性就比较大。

为了便于对相关变量的测量，我们分别将项目属性、竞争性、过程管理和项目结果四组变量进行操作化和赋值。如果案例的购买服务项目是作用于人的，赋值为 1；如果是作用于物的，则赋值为 0。在政府购买服务项目案例中，如果参与项目竞争的单位超过了 2 家，赋值为 1，否则赋值为 0；如果购买服务的案例采取公开招标的方式筛选承接单位，赋值为 1，否则赋值为 0；如果有超过 2 家单位在同一区域内执行同一个项目或类似服务项目，赋值为 1，否则赋值为 0。如果购买服务案例实施了过程督导赋值为 1，否则赋值为 0；如果购买服务案例开展了实地绩效评价活动，赋值为 1，否则赋值为 0；如果购买服务案例设立了反馈退出机制，赋值为 1，否则赋值为 0。表 11-1 反映了上述变量和赋值的设定情况。

---

[1] SAVAS E S. Privatization and public-private partnerships[J]. New York: Seven Bridges Press.

表 11-1 变量和赋值的设定

	变量名称	变量数据统计	赋值
结果变量	项目结果	成绩为主	1
		成绩问题并存	0.8
		问题为主	0
条件变量	项目属性	作用于物	1
		作用于人	0
	竞争性视角	超过2家竞标	1
		未超过2家	0
		超过2家执行项目	1
		未超过2家	0
		采用了公开招标的方式	1
		未采用公开招标的方式	0
	过程管理视角	实施过程督导	1
		未实施过程督导	0
		采用了实地绩效评价	1
		未采用实地绩效评价	0
		采用了反馈退出机制	1
		未采用反馈退出机制	0

第三节 案例选择与研究方法

定性比较分析（QCA）方法不同于大样本定量统计分析，所要求的样本案例数量不是很多。定性比较分析方法可以用于小样本的研究，小样本意味着非常少的样本量，一般介于2个到10或15个案例之间；也可以用于中等样本量的研究，一般超过15个，达到50或者100个左

第十一章 政府购买服务项目成效的影响因素研究

右的样本案例[①]。借鉴以往关于政府购买服务项目的研究，本章选取了2012年到2017年间的20个典型案例作为研究对象。对这20个案例采用模糊集定性比较分析方法进行研究。

一、案例选择

根据定性比较分析方法的要求，案例的选择必须要符合一定的条件。（1）案例要具有足够的相似性。案例之间是可以进行比较的，这种相似性体现为案例的领域要一样，背景和特征要相似。（2）所选择的案例又要具有足够的差异性。这种差异性从案例结果的角度而言，就是说所选择的案例既要包括正面的案例，也要包括负面的案例，既要有成功的案例，也要有失败的案例；这种差异性从案例的变量的角度而言，就是说影响案例成功或失败的条件变量要体现出足够的差异性，从而保证变量的值是变化的。（3）所选择的案例的结果是确定的。也就是说，所选择的案例无论是属于成功的，还是属于失败的，或者是问题与成绩并存的，在选择案例进入研究过程之前，其结果是确定不移的。

依据这些条件，我们遵照如下程序进行了案例选择。首先，在北京市政府采购网（北京市政府购买服务信息平台）、财政部综合司发布的《政府购买服务案例汇编》中，共搜集到35个购买服务项目的典型案例，这35个案例构成了一级备选案例库。其次，根据上述案例选择的条件、信息完备性、结果确定性及案例的差异性等标准，在35个案例中筛选了20个案例纳入正式确定的案例库。最后，对案例的内容进行阅读，确保每个案例的内容完整地涵盖了项目背景、项目实施过程和项目结果三大块内容，而项目的实施过程部分一般都包括项目内容、项目申报、项目承接主体确定、合同管理和绩效评价等购买服务过程管理的流程环节。按照上述案例选择的条件和步骤，我们把最终形成的20个政府购

---

① 伯努瓦·里豪克斯，查尔斯 C. 拉金. QCA 设计原理与应用：超越定性与定量研究的新方法 [M]. 北京：机械工业出版社，2017: 4.

买项目的案例作为本研究的案例库,具体如表 11-2 所示。由于本研究涉及对具体购买服务案例的成绩和问题的评价判断,为了避免对实践部门的影响,本书对相关案例做了相应的匿名化处理。

项目结果的主要判定依据是项目报告中关于项目成效和存在的问题的描述。在项目成效部分,我们可以看到项目服务对象数量、项目服务活动开展次数及项目服务对象满意度等统计数据,如果这些数据达到了项目设定的预期目标,则这类项目就判定为以成绩为主;如果这些数据未达到项目设定的预期目标,则判定为以问题为主;如果部分指标达到了预期目标,部分指标没有达到预期目标,则判定为成绩问题并存。项目案例的具体情况如表 11-2 所示。

表 11-2　政府购买服务项目典型案例库

编号	时间	购买服务项目名称	项目结果
1	2012	B 市养老机构综合保险项目	成绩为主
2	2015	B 市市级城市道路清扫保洁服务项目	成绩为主
3	2015	T 市河道日常保洁服务项目	成绩为主
4	2015	S 市道路交通事故民事损害赔偿人民调解服务项目	成绩问题并存
5	2015	SX 省公共演出服务项目	成绩为主
6	2017	L 省流通领域农资商品抽检服务项目	成绩为主
7	2014	J 省送演出下基层文化惠民项目	成绩为主
8	2015	Z 省 D 县社区矫正服务项目	问题为主
9	2014	Z 省 N 县安全生产隐患排查社会化服务项目	问题为主
10	2016	S 省 W 市社区医疗卫生服务项目	问题为主
11	2015	G 省 L 市城关区虚拟养老院项目	问题为主
12	2016	Q 省基本公共卫生服务项目	成绩为主
13	2015	JX 省森林防火护林联防服务项目	问题为主
14	2015	F 省 L 市园林绿化管养服务项目	问题为主
15	2014	A 省 T 市居家养老服务项目	成绩问题并存
16	2014	A 省 T 市城市社区基本公共卫生服务项目	成绩问题并存

续表 11-2

17	2015 H 省 T 市地名普查系统技术服务项目	成绩为主
18	2013 J 省 L 县校车服务项目	成绩为主
19	2014 F 省 X 市集美区心理矫正社会服务项目	成绩为主
20	2017 B 市 X 区民政局购买中重度失能老年人居家照护服务	成绩为主

二、研究方法

定性比较分析方法（QCA）是由查尔斯 C.拉金发明的，他试图整合小样本的案例分析和大样本的统计分析这两种方法，从而开发出来的一种综合性策略，这种分析方法能够"整合案例导向的方法与变量导向的方法"[①]。

为了将条件变量与案例的结果之间的关系显性呈现出来，定性比较分析方法将某个案例是否具备某个条件变量，按照逻辑赋值的方法赋值为 1 或 0，对案例的结果也通过逻辑值的方法赋予 1 或 0。模糊集比较分析方法弥补了 1、0 这种逻辑赋值方法导致只能反映条件存在与否，而不能够反映条件程度不同的问题。引入模糊集这样一个连续变量，允许在 0~1 之间根据案例所具备的条件的程度的不同而取相应的值。对每一个案例的条件变量和结果变量赋值，就可以构建出一个案例集的真值表。真值表是对案例的关键变量信息进行编码的结果表现，正是由于采用这一编码方法，因而定性比较分析方法（QCA）可以对深度分析的案例进行比较大批量的逻辑处理，也可以以数量化的形式呈现案例逻辑运算的结果。正是引入了逻辑与和或的关系，因而定性比较分析方法（QCA）可以用于分析多重并发因果关系，探讨多个相关条件的组合与案例结果之间的关系。按照定性比较分析方法（QCA）的操作程序，在对案例进行编码之后，运行 fs/QCA 软件，就可以生成 20 个案例的

[①] 伯努瓦·里豪克斯, 查尔斯 C. 拉金. QCA 设计原理与应用：超越定性与定量研究的新方法 [M]. 北京：机械工业出版社, 2017: 5.

真值表，分别运用 fs/QCA 软件对其进行布尔最小化运算，从而对影响案例结果的每一个条件变量存在的必要性进行分析判断，对不同的条件组合与案例结果之间的关系进行分析判断。

政府购买服务是以项目的形式开展的，适宜进行跨案例的定性比较分析。政府购买服务项目的执行过程有众多的影响因素，然而每一个影响因素在具体的项目中是如何发挥作用的，需要通过典型案例的方式进行深入分析和探究，因而适宜于采用案例分析的研究方法。项目属性、竞争性和过程管理这三组变量在不同购买服务项目中是否出现，构成了项目绩效改善的条件变量。当这三组条件变量同时出现时，则有助于提升项目绩效，否则不利于提升项目绩效。对单一案例或者少数案例进行对比分析，能够发挥深入分析的优势，但会导致分析结果外部有效性有限的困境。定性比较分析方法擅长于将定性分析的深度和多案例比较分析的广度结合起来，因而适宜用于政府购买服务项目的研究。定性比较分析方法关注跨案例的"并发因果关系"，主要探讨多个条件变量的出现与否对案例的结果的因果影响关系。

第四节 结果分析

一、单变量必要性分析

在生成真值表之后，就可以对影响案例的条件变量进行单变量必要性分析，这种分析主要是用来判断某个条件变量是否构成案例结果出现的必要条件或充分条件。这种必要条件或充分条件主要是通过一致性（Consistency）指标来判断的。当某个条件变量的一致性指标大于 0.8 时，就可以认为该条件变量是结果变量出现的充分条件；当该条件变量的一致性指标大于0.9时，就可以认为该条件变量是结果变量出现的必要条件[①]。一致性指标的运算公式是：

$$Consistency\ (X_i \leq Y_i) = \sum [min(X_i, Y_i)] - X_i$$

某个变量的一致性指标的解释力度主要通过覆盖率(Coverage)来进行判断。某条件变量的覆盖率指标越大，说明该条件变量作为充分条件或必要条件所能够解释的案例的比例越大，也说明该条件变量的解释力度比较强。覆盖率的计算公式是：

$$Coverage\ (X_i \leq Y_i) = \sum [min(X_i, Y_i)] / \sum Y_i$$

通过fs/QCA软件运行分析之后，得出影响政府购买服务项目绩效的单个条件变量的必要性分析结果如表11-3所示。

表11-3 单个条件变量的必要性分析结果

单位：

变量名称	一致性	覆盖率
作用于人	0.626866	0.700000
超过二家竞标	0.940298	0.900000
超过二家执行	0.641791	0.781818
公开招标	0.940298	0.900000
实地督导	1.000000	0.893333
实地绩效评价	0.641791	0.955556
反馈退出	0.223881	0.750000

通过表11-3的分析，我们可以看到"超过二家竞标""公开招标"和"实地督导标"三个条件变量所获得的一致性指标数值较高，这说明这三个条件变量对政府购买服务项目绩效的解释力度比较强。其中"超过二家竞标"和"公开招标"这两个条件变量的一致性数值为0.940298，

---

① 黄扬, 李伟权, 郭雄腾, 等. 事件属性、注意力与网络时代的政策议程设置——基于40起网络焦点时间的定性比较分析 [J]. 情报杂志, 2019(1): 1-7.

超过了 0.9，而且其覆盖率达到了 0.90000，这说明在案例库中，超过 90% 的取得较为显著绩效的购买服务项目在筛选承接主体的过程中都采用了公开招标的购买方式，并且参加竞标的单位都超过了一家。其中"实地督导"这一条件变量的一致性数值为 1，超过了 0.9，而且其覆盖率达到了 0.893333，这说明在案例库中，几乎所有取得较为显著绩效的购买服务项目都采用了"实地督导"的方式进行过程管理。"超过二家竞标""公开招标"和"实地督导"这三个条件变量的一致性指标值都超过了 0.9，因而可以看作是政府购买服务项目取得显著绩效的必要条件。也就是说，取得了比较显著绩效的政府购买服务项目，都要通过公开招标的形式，吸引超过二家的单位参加投标，增强了购买过程的竞争性，同时也对购买服务项目的实施过程开展了实地督导。

其他条件变量的一致性指标和覆盖率的值都不算太小，但由于都没有达到 0.8，更没有达到 0.9，因而都不能构成政府购买服务项目取得绩效的必要条件或者充分条件，它们只是对购买服务项目产生了一定的影响。同时，由于政府购买服务项目绩效的取得是多种因素综合作用的结果，因此接下来我们将对购买服务项目的 20 个案例的真值表进行原因组合分析。

二、原因组合分析

原因组合分析的逻辑是"多个不同条件组合可能产生同样的结果"，也即是说政府购买服务项目绩效显著或者不显著的结果可能是由不同的条件变量组合来解释的。通过 fs/QCA 软件的分析，我们可以得到复杂解、中间解和简单解三种原因组合分析结果。由于复杂解是完全遵循变量设置而得到的结果[1]，因此本书选取复杂解进行分析。我们将 fs/QCA 软件的运行所得结果进行归纳整理，具体如表 11-4 所示。

---

[1] 黄扬，李伟权，郭雄腾，等.事件属性、注意力与网络时代的政策议程设置——基于 40 起网络焦点时间的定性比较分析 [J].情报杂志，2019(1): 1-7.

第十一章　政府购买服务项目成效的影响因素研究

表 11-4　政府购买服务项目结果的原因组合分析（复杂解）

序号	原因组合	原覆盖率	净覆盖率	一致性
1	作用于人＊超过二家竞标＊~超过二家执行＊公开招标＊实地督导＊~反馈退出机制	0.223881	0.223881	1.000000
2	超过二家竞标＊超过二家执行＊公开招标＊实地督导＊~实地绩效评价＊反馈退出机制	0.283582	0.208955	0.950000
3	~作用于人＊超过二家竞标＊超过二家执行＊公开招标＊实地督导＊反馈退出机制	0.223881	0.149254	1.000000
4	~作用于人＊超过二家竞标＊公开招标＊实地督导＊实地绩效评价＊反馈退出机制	0.149254	0.074627	1.000000
5	超过二家竞标＊超过二家执行＊公开招标＊实地督导＊实地绩效评价＊反馈退出机制	0.142857	0.074627	1.000000
整体覆盖率：0.880597 整体一致性：0.983333		—	—	—

注：原覆盖率表示该原因组合能够解释的案例占总案例的比重；净覆盖率表示仅能被该原因组合所揭示的案例占总案例的比重；"＊"表示"且"，即条件变量必须同时存在；"~"表示非，即表示该条件变量不存在。

原因组合分析的输出结果标明整体覆盖率（Solution Coverage）和整体一致性（Solution Consistency）分别达到了 0.880597 和 0.98333，表明所有的条件组合能够解释 88% 的案例，且有很强的必要性解释力。

表 11-4 所示的 5 个原因组合的整体一致性和覆盖率都超过了 0.9，这表明该复杂解的整体结果对于所选取的 20 个案例具有较强的解释力，同时我们可以发现 5 个原因组合各自的一致性都超过了 0.9。这表明数据分析结果得出的 5 条解释路径都是具有较高的可靠度的。组合原因分析结果表明，政府购买服务项目绩效提升主要有五条路径。

路径一：作用于人＊超过二家竞标＊~超过二家执行＊公开招标＊实地督导＊~反馈退出机制。这一路径表明针对作用于人的政府购买服务项目，公开的、竞争性的项目承接主体筛选过程和项目实施过程中严格的实地督导对于提升项目绩效至为关键。尽管作用于人的购买服务项目往往要求多方互动并且效果都不易测，但如果购买过程公开性和竞争性强，项目实施过程中实地督导严格，这类购买服务项目也可以取得比较显著的绩效。例如，F 省 X 市集美区心理矫正社会服务项目由集美区司法局委托区政府采购中心面向社会发布购买社区心理矫正服务公告，开展公开招投标，并组织专家论证，同时在项目实施过程中开展了行政督导与业务督导，社会督导由机构聘请第三方进行督导。该项目取得了较好的效果，对 448 名社区服刑人员全部导入再犯罪风险评估系统，完成入矫测试报告 440 份，开展集中教育 36 次，接受心理咨询 165 人次。

路径二、五：超过二家竞标*超过二家执行*公开招标*实地督导*~实地绩效评价*反馈退出机制；超过二家竞标*超过二家执行*公开招标*实地督导*实地绩效评价*反馈退出机制。这两个路径表明，无论对作用人的还是作用于物的政府购买服务项目而言，超过二家竞标、超过二家执行、公开招标、实地督导都有助于提升项目实施绩效。简而言之，无论是什么性质的购买服务项目，竞争性和实施过程管理都是提升项目实施绩效的共同条件，在具备这两个条件的情况下，实地的绩效评价并非提升项目绩效的必要条件。尤其需要关注的是竞争性不仅局限于项目承接主体的筛选环节，而且体现在项目实施过程中。如果不少于两家组织同时执行一个项目，它们彼此之间就会形成实时的竞争性关系，从而为项目绩效的提升注入动能。

路径三、四：~作用于人*超过二家竞标*超过二家执行*公开招标*实地督导*~反馈退出机制；~作用于人*超过二家竞标*公开招标*实地督导*实地绩效评价*反馈退出机制。这两个路径表明，对于作用于物的政府购买服务项目而言，公开的、竞争性的招投标过程是提升项目绩效的共同前提条件，当具备了实地督导和竞争性的项目执行过程之后，反馈退出机制和实地绩效评价并不是那么重要了；但是当不具备竞争性的项目执行过程这个条件时，则实地绩效评价和反馈退出机制则显得比较重要了。例如，B市市级城市道路清扫保洁服务项目采用公开招标的方式筛选承接单位，共有11家单位进行投标，最终4家公司中标，分标段开展道路清扫保洁活动。为了强化项目实时过程的实地检查督导，该市将"尘土残存量"指标列入检查考核，并引进道路尘土残存量监测工作机制，检查考核结果直接与服务费挂钩，实现了"以克论净"的目标。

通过对原因组合分析表的观察，我们可以发现，"超过二家竞标"和"实地督导"是所有组合中覆盖面最大的一种条件组合方式，这一组条件组合贯穿于所有五条路径，占到所有组合条件的1.023445（raw coverage=0.223881+0.283582+0.223881+0.149254+0.142857）。这说明以公开竞争性的招投标为代表的竞争性和以实地督导为代表的过程管理是提升政府购买服务项目绩效的普遍性重要条件。

第五节　结论与政策启示

一、研究结论

政府购买服务已经成为各级政府普遍开展的服务供给方式创新性活动，探讨政府购买服务项目绩效的关键性影响因素对于有针对性地设计购买服务管理的政策具有迫切的现实意义。本章聚焦于项目属性、竞争性及过程管理等三方面的因素，基于文献梳理和理论对话，提出了研究政府购买服务项目影响因素的分析框架，并针对20个典型案例用定性比较分析方法对这些条件变量和购买服务项目结果变量之间的关系进行了实证检验，发现了虽然不同类型的政府购买服务项目在作用对象、互动性及结果易测性等方面各不相同,但是购买过程的竞争性及过程管理的严密程度等都会直接影响到政府购买服务项目的结果。

相比较而言,作用于人的购买服务项目由于涉及多方互动等因素,购买过程的竞争性程度、构成管理的严密程度和购买服务项目实施效果之间的关系更加紧密一些。影响这一类项目绩效的组合原因多数都同时包括了"超过二家竞标""公开招标"和"实地督导"等条件变量。而作用于物的政府购买服务项目由于不涉及多方互动并且多数该类项目的效果比较容易测量,因而这一类购买服务项目的绩效对于竞争性,尤其是对过程管理的严密程度要求不是十分严格。影响这一类购买服务项目绩效的组合原因多数同时包括了"超过二家竞标""超过二家实施""公开招标"和"实地督导"等因素,但是可以不包括"反馈退出机制"或者"实地绩效评价"等因素。

二、政策启示

本章通过对 20 家政府购买服务项目的典型案例进行分析,借助定性比较分析方法研究了项目属性、竞争性招投标、项目执行过程的竞争性、项目执行过程的实地督导、实地绩效评价与购买服务项目绩效之间的复杂关系。这些探索性的研究发现带给我们的政策启示在于,加强和完善中国政府购买服务项目的政策需要在如下两个方面努力。

第一,要不断地增强政府购买服务项目承接主体筛选过程和项目实施过程竞争性。本章的研究证实了竞争性在提升政府购买服务项目绩效过程中的积极作用。研究发现,不仅购买服务项目承接主体的竞争性筛选过程,而且多个单位对同一个项目的竞争性执都是提升政府购买服务项目绩效的必要条件。无论是本章的单变量必要性分析还是原因组合分析的结果,都发现多个单位公开竞标是影响政府购买服务向绩效提升的关键性必要条件变量。尽管如此,但是中国政府购买服务实践中的竞争性还不够强,尤其是一些作用于人的服务项目的购买只限于在购买主体辖区内注册的社会组织申报由于中国的社会组织相对还不发达，尤其是市和区、县级区域内的社会组织数量有限，因而在购买服务项目承接主体的筛选过程中，超过2家组织投标竞争的现象还不是很普遍，这就导致了比较难以做到"优中择优"。同时，购买服务项目执行过程普遍缺乏竞争，尤其是作用于人的服务项目更是如此。一旦某一承接主体获得了项目合同，就意味着它会进行垄断性的执行。这其实也是可以通过政策创新进行突破。作用于物的购买服务项目，可以通过划分标段和切割等办法，让多个不同的组织承接执行，形成彼此之间的竞争关系。作用于人的服务项目，则可以通过引入"凭单制"，让终端消费者在多个服务生产者之间进行竞争性的选择，从而给它们带来竞争的压力[1]。

第二，进一步强化政府购买服务项目实施过程的实地督导。我们发现在五条路径的任何一条中，除了竞争性之外，"实地督导"是提升购买服务项目绩效的普遍性条件。政府购买服务项目，尤其是作用于人的服务项目具有实时交互作用的特征[2]，也就是说，服务的生产过程和消费过程是同一个过程。服务是一系列作用于对象的行为过程，因而我们很难像评价产品一样聚焦于最终的产出进行结果管理。如果仅仅是进行事后的结果管理，则可能只会看到一些服务记录、签到表、活动照片及服务结果的满意度调查等材料，而这些都是难以进行回溯性评价的。即使可以依据这些材料进行事后追责，但是服务目标的错失、服务供给的机会及为此付出的各种成本都难以挽回了。因此，对作用于人的行为型服务项目而言，加强项目执行过程中的实地督导和控制就显得尤为重要

---

[1] 陈建国. 政府购买服务过程管理中的政社合作 [J]. 天津行政学院学报，2019，21(1): 12-19.

[2] 范秀成. 服务质量管理：交互过程与交互质量 [J]. 南开管理评论，1999(1): 8-12, 23.

了。研究发现，实地督导是提升购买服务绩效的必要条件，因此如何开展富有成效的实地督导是我们必须要思考和设计的问题。目前的督导多数采用的是购买项目的政府部门或者委托一个第三方社会组织开展督导活动。但是，面对众多异质性的购买服务项目，单一的督导组织只会疲于应付，而导致效果不佳。因此，要通过创新性的制度设计引入更多的富有动机的行动者参与到购买服务项目的实地督导过程之中。例如，"凭单制"将可以激活"终端消费者"这一关键性的行动者，他们有动力，有积极性，也有条件投入到对服务项目的实时和实地督导之中[1]。我们也可以在政府购买服务过程中引入各种形式的公众参与，或者在政府购买服务过程中引入各种形式的绩效付酬机制[2]。

总而言之，本章运用 20 个典型案例，分析了项目属性、竞争性和过程管理等因素对提升政府购买服务项目绩效的作用，研究确认了竞争性和实地督导的重要作用，能够为学界深化购买服务项目绩效影响因素的研究提供实证性的素材，也有助于我们从竞争性和实地督导这两个方面不断完善政府购买服务方面的政策体系。值得注意的是，本章的研究仍然面临着一些局限：一方面是案例材料采用的是二手资料，虽然通过了多方查验试图避免二手资料带来的偏差，但毫无疑问的是这类偏差仍然难以避免，今后可以通过更多的一手调查案例进行校正；另一方面则在于条件变量的精选凝练还可以在未来的研究中再进行进一步的锤炼。

---

[1] 陈建国. 政府购买服务过程管理中的政社合作 [J]. 天津行政学院学报，2019，21(1): 12-19.

[2] 曹堂哲，魏玉梅. 政府购买服务中的绩效付酬：一种公共治理的新工具 [J]. 改革，2019(3): 139-148.

参考文献

[1] BISH R L. The public economy of metropolitan areas[M]. Chicago: Markham Publishing Company, 1971.

[2] AMIRKHANYAN A A, KIM H J, LAMBRIGHT K T. Putting the Pieces Together: A Comprehensive Framework for Understanding the Decision to Contract Out and Contractor Performance[J]. International Journal of Public Administration, 2007, 30(6-7): 699-725.

[3] NI Y, BRETSCHNEIDER S. The Decision to Contract out: A Study of Contracting for E-Government Services in State Governments[J]. Public Administration Review, 2007, 67(3): 531-544.

[4] BOZEMAN B, BRETSCHNEIDER S. Public Management Information Systems: Theory and Prescription[J]. Special issue, Public Administration Review, 1986, 46: 475-487.

[5] DEHOOG H R. Competition, Negotiation, or Cooperation: Three Models for Service Contracting. [J]. Administration and Society, 1990, 22(3): 317-340.

[6] DEHOOG H R. Contracting out for human services economic, political, and organizational perspectives[M]. New York: State University of New York Press, 1984.

[8] KETTL D F. Sharing power: Public governance and private markets[M]. Washington, D.C.: The Brookings Institutionpress, 1993.

[9] GOLDSMITH S. EGGERSW D. Governing by network[M]. Washington, D.C.: Brookings Institution Press, 2004.

[10] BARDCH E. A Practical Guide for Policy Analysis: the Eightfold Path to More Effective Problem Solving[M]. Washington, D.C.: CQ Press, 2009.

[11] FARNETI F, YOUNG D. A Contingency Approach to Management Outsourcing Risk in Municipalities[J]. Public Management Review, 2008, 10(1): 89−100.

[12] GOODSELL C T. Six Normative Principles for the Contracting−Out Debate[J]. Administration & Society, 2007, 38(6): 669−688.

[13] GREVE C. Contracts as Reinvented Institutions in the Public Sector[M]. New York: Praeger Publishers, 2005.

[14] GREVE C. Contracting for public services[M]. New York: Routledge, 2007.

[15] International City/County Management Association. 2017 Alternative Service Delivery Survey: Summary of Survey Results[M]. Washington, D.C.: ICMA, 2019.

[16] LAVERY K. Smarting Contracting for Local Government Services[M]. New York: Praeger Publishers, 1999.

[17] KOLPAKOV A, ANGUELOV L G. Decision−making approaches to contracting out[J]. Journal of Strategic Contracting and Negotiation, 2020, 4(3): 148−166.

[18] LANE J E. New Public Management[M]. London: Routledge, 2000.

[19] RHO E, KIM S, HAN S. Taking context and strategy seriously: the contracting out decision in the U. S. public education[M]. Public Management Review, 2020.

[20] OAKERSON R J. Governing Local Public Economies: Creaing The Civic Metropolis[M]. Oakland: ICS Press, 1999.

[21] JOSEPH S. Public Policy: An Evolutionary Approach[M]. Boston: Cengage Learning, 2007.

[22] SAVAS E S. Privatization and Public-Private Partnerships[M]. New York: Chatham House Publishers, 2000.

[23] DOMBERGER S. The Contracting Organization: A Strategic Guide to Outsourcing[M]. Oxford: Oxford University Press, 1998.

[24] COHEN S, EIMICKE W. The responsible contract manager: protecting the public interest in an outsourced world[M]. Washington, D.C.: Georgetown University Press, 2008.

[25] BROWN T L, POTOSKI M. Transaction Cost and Contracting: The Practitioner Perspective[J]. Public Performance & Management Review, 2015, 28(3): 326-351.

[26] OSTROM V. The Meaning of American Federalism[M]. London: ICS Press, 1991.

[27] WILLIAMSON, OLIVER E. Markets and Hierarchies: Analysis and Antitrust Implications[M]. New York: Free Press, 1975.

[28] OSTROM V, HENNESSEY T. Institutional Analysis and Design[R]. Bloomington: Workshop in political theory and policy analysis, 1972.

[29] GIRTH A M, HEFETZ A, JOHNSON J M, et al. Outsourcing Public Service Delivery: Management Responses in Noncompetitive Markets[J]. Public Administration Review, 2012, 72(6): 887-900.

[30] SAVAS E S. Competition and Choice in New York City. Social Services[J]. Public Administration Review, 2002, 62(1): 82-91.

[31]　BROWN T, POTOSKI M. Contracting for Management: Assessing Management Capacity under Alternative Service Delivery Arrangements[J]. Journal of Policy Analysis & Management, 2006, 25(2): 323-346.

[32]　BROWN T L, POTOSKI M. Contract-management capacity in municipal and county governments [J]. Public Administration Review, 2003, 63(2): 153-164.

[33]　ROMZEK B S, JOHNSTON J M. Effective Contract Implementation and Management: A Preliminary Model[J]. Journal of Public Administration Research and Theory, 2002(12): 423-453.

[34]　BROWN T L, POTOSKI M. Managing Contract Performance: A Transaction Cost Approach[J]. Journal of Public Administration Research and Theory, 2003(22): 275.

[35]　DOMBERGER S, MEADOWEROFT S A. THOMPSON D J. Competitive Tendering and Efficiency: The Case of Refuse Collection[J]. Fiscal Studies, 1986, 7(4): 69-87.

[36]　HODGE G. Privatization: An International Review of Performance[M]. Boulder: Westview Press, 2000.

[37]　LANE J E. New Public Management[M]. London: Routledge, 2000.

[38]　FORTIN Y. Contracting in the New Public Management[M]. Amsterdam: IOS Press, 2000.

[39]　VAN SLYKE D M. The mythology of privatization in contracting for social services[J]. Public Administration Review, 2003, 63(3): 296-315.

[40]　KETTL D F. Sharing power: Public governance and private markets[M]. Washington, D.C.: Brookings Institution Press, 2011.

[41] PEAT B, COSTLEY D L. Effective contracting of social services[J]. Nonprofit Management and Leadership, 2001, 12(1): 55-74.

[42] KETTL D F. Sharing Power: Public Governance and Private Markets[M]. Washington, D.C.: Brookings Institution press, 1993.

[43] OAKERSON R J. Governing Local Public Economies: Creating the Civic Metropolis[M]. London: ICS Press, 1999.

[44] JOHNSTON J. Public servants and private contractors: managing the mixed service delivery system[J]. Canadian Public Administration, 1986, 29(4): 549-553.

[45] SUSAN A. MACMANUS, Doing Business With Government: Federal, State, Local and Foreign Government Practices for Every Business and Public Institution[M]. Washinton, D.C.: Paragon House, 1992.

[46] COHEN S, EIMISCH W. The Responsible Contract Manager: Protecting the Public Interest in an Outsourced World[M]. Washinton, D.C.: Georgetown University Press, 2008.

[47] SAVAS E. Encyclopedia of Public Administration and Public Policy[M]. New York: Routledge, 2007.

[48] COASE R H. The Nature of the Firm[J]. Economica, 1937, 4(16): 386-405.

[49] OSTROM V. The Intellectual Crisis in American Public Administration[M]. Tuscaloosa: University of Alabama Press, 1974.

[50] FRIEDRICH C J. Public Policy and the Nature of Administrative Responsibility[M]. Cambridge: Harvard University Press, 1940.

[51] CAMPELL K B. Nobody Said It Was Easy Examining the Matryoshka Dolls of Citizen Engagement[J]. Administration &

Society, 2005, 37(5): 636-648.

[52] MCSWITE O C. Taking Public Administration Seriously: Beyond Humanism and Bureaucrat Bashing[J]. Administration & Society, 2005, 37(1): 116-125.

[53] BRYSON J M, CROSBY B C, BLOOMBERG L. Public Value Governance: Moving Beyond Traditional Public Administration and the New Public Management[J]. Public Administration Review, 2014, 74(4): 445-456.

[54] SCIENCE P. OECD Public Governance Reviews Together for Better Public Services: Partnering with Citizens and Civil Society[J]. Source OECD Governance, 2011(34): 122.

[55] TORVINE H, ULKUNIEMI P. End-user Engagement Within Innovative Public Procurement Practices: A Case Study on Public-private Partnership Procurement[J]. Industrial Marketing Management, 2016, 58: 58-68.

[56] OSTROM V, BISH R, OSTROM E. Local Government in the United States[M]. London: ICS Press, 1988.

[57] 风笑天. 社会学研究方法[M]. 北京：中国人民大学出版社，2001.

[58] 安瓦·沙. 公共服务提供[M]. 孟华，译. 北京：清华大学出版社，2009.

[59] 菲利普·库珀. 合同制治理——公共管理者面临的挑战和机遇[M]. 竺乾威，卢毅，陈卓霞，译. 上海：复旦大学出版社，2007.

[60] 尤金·巴达赫. 跨部门合作：管理"巧匠"的理论与实践[M]. 周志忍，张弦，译. 北京：北京大学出版社，2011.

[61] 常江. 美国政府购买服务制度及其启示 [J]. 政治与法律, 2014(1): 153-160.

[62] 常晋, 刘明慧. 政府购买公共服务: 一个文献述评 [J]. 地方财政研究, 2016(5): 87-93.

[63] 陈建国. 公共建设项目招投标制度创新与地方治道变革——以山东省日照市为例 [J]. 华东经济管理, 2010(8): 56-62.

[64] 陈建国. 物业小区保安服务的制度分析 [J]. 公安学刊, 2007(3): 48-51, 106.

[65] 关信平. 西方"福利国家之父"——贝弗里奇——兼论《贝弗里奇报告》的诞生和影响 [J]. 社会学研究, 1993(6): 71-79.

[66] 官有垣, 陈锦堂, 陆宛苹. 第三部门评估与责信 [M]. 北京: 北京大学出版社, 2008.

[67] 何艳玲. 问题与方法: 近十年来我国行政学研究评估 [J]. 政治学研究, 2007(1): 93-104.

[68] 黄群超. 试析战后英国"福利国家"的困境 [J]. 历史教学问题, 2000(3): 37-38, 32.

[69] 简·莱恩. 新公共管理 [M]. 赵成根, 等译. 北京: 中国青年出版社, 2004.

[70] 句华. 公共服务合同外包的适用范围: 理论与实践的反差 [J]. 中国行政管理, 2010(4): 51-55.

[71] 莱斯特·M. 萨拉蒙. 公共服务中的伙伴——现代福利国家中政府与非营利组织的关系 [M]. 田凯, 译. 北京: 商务印书馆, 2008.

[72] 李国武, 邓煜平, 李雪燕. 地区人口结构与社会组织发展——基于社会需求理论的研究 [J]. 吉林大学社会科学学报, 2014, 54(4): 136-145, 175.

[73] 李宏. 从消极福利国家到积极福利国家——民主社会主义探索新福利制度 [J]. 当代世界社会主义问题，2001(1)：53-58.

[74] 李文钊. 政策过程的决策途径：理论基础、演进过程与未来展望 [J]. 甘肃行政学院学报，2017(6)：46-67.

[75] 毛寿龙，陈建国. 经济合作与发展组织国家公共服务民营化研究（上）[J]. 兰州大学学报（社会科学版），2009，37(5)：1-12.

[76] 毛寿龙. 西方政府的治道变革 [M]. 北京：中国人民大学出版社，1998.

[77] 民政部民间组织管理局，德国、瑞典考察团. 德国、瑞典政府向社会组织购买服务情况考察报告 [J]. 中国社会组织，2013(11)：27-30.

[78] 尼古拉斯·亨利. 公共行政与公共事务：第 7 版 [M]. 项龙，译. 北京：华夏出版社，2002.

[79] 倪星，陈兆仓. 问题与方向：当代中国腐败与反腐败研究文献评估 [J]. 经济社会体制比较，2011(3)：185-194.

[80] 彭婧，张汝立. 论政府购买服务的发展演进 [J]. 北方民族大学学报（哲学社会科学版），2014(6)：108-110.

[81] 彭少峰，张昱. 政府购买公共服务：研究传统及新取向 [J]. 学习与实践，2013(6)：94-101.

[82] 王浦劬，莱斯特·M. 萨拉蒙，等. 政府向社会组织购买公共服务研究：中国与全球经验分析 [M]. 北京：北京大学出版社，2010.

[83] 王晓玲. 欧洲国家的社会危机与公民资格重建 [J]. 欧洲，2000(2)：80-88.

[84] 文森特·奥斯特罗姆，罗伯特·比什，埃莉诺·奥斯特罗姆. 美国地方政府 [M]. 井敏，陈幽泓，译. 北京：北京大学出版社，

2004.

[85] 周志忍. 认识市场化改革的新视角 [J]. 中国行政管理，2009(3)：11-16.

[86] 陈建国. 政府购买服务过程管理中的政社合作 [J]. 天津行政学院学报，2019，21(1)：12-19.

[87] 范秀成. 服务质量管理：交互过程与交互质量 [J]. 南开管理评论，1999(1)：8-12，23.

[88] 曹堂哲，魏玉梅. 政府购买服务中的绩效付酬：一种公共治理的新工具 [J]. 改革，2019(3)：139-148.

[89] 黄扬，李伟权，郭雄腾，等. 事件属性、注意力与网络时代的政策议程设置——基于40起网络焦点时间的定性比较分析 [J]. 情报杂志，2019(1)：1-7.

[90] 伯努瓦·里豪克斯，查尔斯 C. 拉金. QCA 设计原理与应用：超越定性与定量研究的新方法 [M]. 杜运周，李永发，等译. 北京：机械工业出版社，2017.

[91] 侯志伟. 政府购买公共服务的竞争性分析框架及制度机制——基于S市经验的案例研究 [J]. 中国行政管理，2016(7)：57-63.

[92] 敬义嘉，胡业飞. 政府购买服务的比较效率：基于公共性的理论框架与实证检验 [J]. 公共行政评论，2018(3)：137-213.

[93] 陈建国. 政府购买公共服务过程管理研究——以北京市为例 [J]. 理论探索，2012(4)：115-119.

[94] 乐佳超. 政采数据"折射"多项改革成效显著 [N]. 中国财经报，2018-10-10.

[95] 毛寿龙，陈建国. 经济合作与发展组织国家公共服务民营化研究（下）[J]. 兰州大学学报（社会科学版），2009(6)：1-12.

[96] 徐家良. 政府购买社会组织公共服务制度化建设若干问题研究

[J].国家行政学院学报,2016(1):68-72.

[97] 蔡礼强.政府向社会组织购买公共服务的需求表达——基于三方主体的分析框架[J].政治学研究,2018(1):70-81.

[98] 崔军.关于政府购买服务的几点基本认识[J].财政监督,2014(27):63-65.

[99] 吴华,薛兆丰,艾萨克.中国"教育券"实践的现状、问题与前景[J].教育发展研究,2005(12):15-19.

[100] 魏丽艳,丁煜.基于凭单制的公共就业培训准市场模式研究[J].厦门大学学报(哲学社会科学版),2015(3):135-142.

[101] 张汝立,隗苗苗,许龙华.凭单制购买养老服务中的问题与成因——以北京市养老服务券政策为例[J].北京社会科学,2012(3):59-62.

[102] 岳金柱.政府购买服务的实践探索与改革创新——以北京市社会建设专项资金购买服务为例[J].国家治理,2016(31):36-48.

[103] 穆雷·N.罗斯巴德.人,经济与国家[M].董子云,李松,杨震译.杭州:浙江大学出版社,2015.

[104] 赵鹏.北京市政府购买服务四年累计600亿[N].北京日报,2018-03-27(2).

[105] 莱斯特·M.萨拉蒙.公共服务中的伙伴:现代福利国家中政府与非营利组织的关系[M].田凯,译.北京:商务印书馆,2008.

[106] 岳经纶,郭英慧.社会服务购买中政府与NGO关系研究——福利多元主义视角[J].东岳论丛,2013(7):5-14.

[107] 杨成,刘潇潇.论政府购买公共服务中的公众参与[J].行政与法,2016(10):17-23.

[108] 政府购买社会组织服务供需对接机制调查数据分析报告[R]. 北京：华北电力大学人文与社会科学学院，2013.

[109] 罗之飚. 购买体育场馆服务莫与市民需求错位[N]. 四川日报，2014-08-15(10).

[110] 王少玲. 政府购买服务核心在需求定位[N]. 政府采购信息报，2015-04-13(7).

后 记

政府购买服务过程管理是我持续关注的一个研究主题。对这一主题的关注根源于我对公共经济治理理论的兴趣。该理论在印第安纳大学奥斯特罗姆夫妇的著作中多有体现,在他们指导的学生罗纳德·奥克森的著作《治理地方公共经济》中也有集中体现。如何将这些理论结合中国实际开展研究,是我在学习他们的理论时产生的一个想法。机缘巧合,后来我的同事朱晓红老师承担了民政部一个政府购买服务方面的课题,我是课题组成员之一。从那时起,我就力图将公共经济治理理论与政府购买服务结合起来进行研究。后来,我自己也申请了民政部的一个部级理论研究课题,在这个课题中我提出了政府购买服务过程管理的概念和基本框架。在这一框架的指导下,需求管理、凭单制、购买决策过程、立项评审及购买服务过程管理中政社合作等逐步成为我学术研究的主题。

理论启发是重要,但没有实践的支撑,理论便是灰色的。对于政府购买服务过程管理的研究同样如此。很幸运的是,在对这一主题着手开展研究之后,我有机会参与到政府购买服务的实践之中,作为评审专家先后参与了 B 市若干个区政府购买服务项目的立项评审和结项评价活动。一线的参与和实践,让我得以有机会直接观察现实、记录现实,同时也能够结合理论思考现实。

一个研究主题一旦占据了你的脑海之后,你就会不由自主地让它渗透教学活动中。对购买服务过程管理的研究同样如此。在对这一主题开展研究的过程中,我不断地从不同角度给我所指导的毕业生做毕业论文的选题。这一过程既是推动我的研究的过程,也是我向学生们学习的过程。只要投入了足够的精力，这一过程有时候也会产生让人意想不到的效果。本书的第十章结项评价机制就是在我指导的本科生陈月谈同学毕业论文基础上修改出来的。具体而言，我负责提出这一章的基本结构和主要观点，陈月谈同学搜集材料并初步成文。在决定纳入本书之后，我又重新修改了一遍。

回顾本书成书的过程，我付出了艰苦的努力，但是也离不开许多朋友、同事和同学的帮助，在此一并向他们表示感谢。奥斯特罗姆和奥克森的著作给了我直接的理论启发；我的同事朱晓红教授给我提供了接触购买服务实践的机会；我指导的硕士生吴蒙蒙、姚丹和郭嘉欣帮我收集文献并修订了文献回顾部分的内容；我指导的硕士生李言和本科生柳奕睿同学帮我修改了本书的体例规范；本书得到了华北电力大学中央高校基本科研业务费专项资金的资助，项目负责人杨维东副教授对第八章也有贡献，在此对他付出的努力表示感谢。出版社的编辑老师也为本书的出版付出了辛勤的汗水。他们的无私帮助都让我心存感激，也为我继续推进这一研究主题提供了巨大动力。

陈建国

2023 年 3 月 29 日于北京朱辛庄